의사 윤한덕 II

[사명]

의사 윤한덕 Ⅱ

초판인쇄_ 2020년 02월 02일
초판발행_ 2020년 02월 04일

지은이_ 김연욱
디자인_ 권형락
펴낸곳_ 마루기획
펴낸이_ 박혜은
신고번호_ 제307-2014-65호
주소_ 파주시 청석로 262 이지타운 205호
주문 팩스_ 02-6969-9428
이메일_ marubang2013@naver.com

ISBN_ 979-11-950503-6-9 03990

※ 마루기획은 ㈜마이스터연구소의 출판 브랜드입니다.
※ 이 도서의 판권은 마루기획에 있으며, 수록된 내용의 무단복사 및 전재를 금합니다.
　파본 및 낙장본은 교환하여 드립니다.

정가_ 15,000원

의사 윤한덕 Ⅱ

김연욱 지음

일러두기

1. 이 책에 나와 있는 사람들은 모두 실제 인물이고, 대부분 실명이다. 몇 명만 사생활 보호 차원에서 가명으로 처리했으며, 가명은 (가명)이라고 표기했다.
2. 대화는 인터뷰를 한 사람들의 증언대로 재현하려고 노력했다. 인터뷰와 목격담, 조사자료 등을 통해 대화를 재구성했지만, 실제 대화와 100퍼센트 일치하지 않는다.
3. 등장하는 사건들은 모두 실제 상황이며, 일부 사건은 발생 일시 및 장소만 바꾸었다.
4. 응급의료 쟁점과 관련해 일부 이견(異見)이 있을 수 있다.
5. 전문의학용어는 네이버, 다음, 위키백과 등을 참조했다.

차례

 ## 사명과 헌신

제9장_응급의료에 영향을 미친 사건과 정책　　3
- 응급의료기금 확대　　4
- 1339, 119로 흡수 통합　　6
- 응급의료 전문의 당직제　　11
- 세월호 침몰과 울음　　33
- 공포의 전염병 메르스　　37
- 민건이 사건　　51

제10장_응급의료만 생각　　61
- 환자 중심의 체계　　62
- 이상주의자　　68
- 직위　　74
- 호사유피(虎死留皮) 인사유명(人死留名)　　87

제11장_헌신　　　　　　　　　　　　　93

- 사명　　　　　　　　　　　　　　94
- 지독한 책임의식　　　　　　　　　98
- 에비던스(evidence)　　　　　　　104
- 추진력　　　　　　　　　　　　　111
- 윤한덕의 하루　　　　　　　　　115
- 낡은 간이침대와 신발　　　　　　124
- 하루 19시간 근무　　　　　　　　133
- 번아웃(burnout)　　　　　　　　137
- 사직 백의종군　　　　　　　　　146

제4부 생(生)과 사(死)

제12장_ 인간 윤한덕　　157
- 가족　　160
- 선·후배 동료　　177

제13장_ 일상의 고민　　193
- '의사'라는 직업　　194
- 병원과 경영　　199
- 공무원　　203

제14장_ 죽음, 그 이후　　209
- 죽음　　210
- 이국종의 평가　　217
- 각종 상 수상　　225
- 국가유공자 지정　　232
- 마지막 과업　　239
- 의료전달체계의 꿈　　244
- 부활　　248

에필로그　　252

제3부

사명과 헌신

제9장

응급의료에 영향을 미친 사건과 정책

응급의료기금
확대

1994년 응급의료 관련 법이 만들어지면서 우리나라 응급의료체계 개선을 위한 대책이 봇물 터지듯 쏟아졌다. 응급의료 기본 계획은 그 무렵부터 논의를 시작한다. 그중 응급의료기금이 중요했다. 당시 사용할 수 있는 기금은 20억~30억 원 수준이다. 요양기관 과징금의 50퍼센트를 투입한 금액이었다.

응급의료라는 개념 자체도 없을 때였고 이 돈으로는 제대로 일을 할 수 있는 영역이 많지 않았다. 응급실의 상황은 심각한데 예산은 적었다. 사업을 시작하기 위해서는 반드시 예산이 있어야 한다.

보건복지부 내에도 응급의료는 관심 대상이 아니었다. 사무관 한 명이 처리하는 몇 개의 일 중 하나였다.

이후 2002년 도로교통 범칙금의 20퍼센트에 해당하는 금액을 응급의료기금으로 투입하는 응급의료에 관한 법률이 일부 개정됐다. 외상환자 대부분이 교통사고로 발생하기 때문에 도로교통 범칙금을 환자치료를 위한 기금으로 활용해야 한다는 주장이 받아들여졌다. 그해는 한덕이 중앙응급의료센터에 근무했던 첫해였다.

2003년 응급의료기금이 400억 원으로 확충됐다. 이전보다 20배 이상 뛰었다. 응급의료가 부실하니까 국회에서 응급환자 치료를 제대로 하라는 차원에서 기금을 크게 늘린 것이다. 그때부터 현장에서 응급의료가 활발하게 돌아간 듯했다.

도로교통 범칙금에 이어 2010년에는 도로교통 과태료의 20퍼센트를 추가 출연해 매년 2,000억 원 규모로 대폭 확충된다. 2019년에는 2,400억 원이 응급의료기금으로 쓸 수 있는 예산으로 늘어났다. 예산 확보로 응급의료가 속도를 내며 발전한다.

한덕은 국회와 기획재정부 등을 쫓아다니며 응급의료에 필요한 예산의 중요성을 알리고 챙겼다. 응급의료기금에도 윤한덕의 손때가 곳곳에 묻어 있다. 기금 확보로 응급의료를 어떻게 육성할 것인가, 실행체계도 만들었다. 예산 집행을 위해 다양한 사업을 들여다봤다.

그러나 돈이 있는 곳에는 항상 사람들도 따라 몰렸다. 응급의료기금은 '눈먼 돈'이라는 그릇된 인식이 의료계에서 팽배하게 퍼졌다. 이후 기금 사용에 대한 감사원의 대대적인 감사로 응급의료가 흔들렸다.

1339, 119로
흡수 통합

1339 전화번호는 생소하다. 사람들은 119는 기억했지만, 1339는 많이 알지 못한다. 1339는 환자이송과 현장 병원을 연결하는, 환자에게는 중요한 매개였다.

예전에는 1339 상담실에 전화를 걸면 어느 병원 응급실에 비어 있는 병상이 있는지, 어디로 가야 응급처치를 제대로 받을 수 있는지, 알 수 있었다. 의료진과 병상 상태를 파악해 환자를 적절히 배치했다.

응급환자 전원도 1339를 통해 이뤄졌다. 구급대원들에게 환자를 수용할 병원을 안내하며, 병원 간 전원을 책임 있게 통제하는 기능도 있었다.

환자가 적절한 병원에 안착하기까지 비응급 상황도 1339 전화상담이 가능했다.

1339가 소방으로 넘어가면서 그 기능은 크게 줄었고 제 역할을 못 했다는 지적을 받고 있다.

부산대 의대 교수 조석주는 제대로 된 응급환자 분류는 1339에서 시행했다고 믿었다. 1339가 환자를 상담하고, 환자 전원에 가장 적합한 수단이라는 것을 윤한덕에게 수차례 강조했다.

윤한덕은 1339 전화번호 통합문제로 대한응급의학회 교수들과 충돌했다.

조석주는 한탄하며 한덕에게 말했다.

"1339가 환자들을 적절하게 배치를 잘할 수 있는 통로였는데……."

"……."

"허망하게 넘어갔군!"

조석주는 혀를 끌끌 찼다.

우리나라의 미비한 응급의료체계에서 그나마 '환자를 적절한 시간에 적절한 병원에' 보내는 역할을 했던 1339 응급의료정보센터를 없앤 것은 실수였다고, 조석주는 한덕에게 자주 이야기했다.

1997년 구급차 출동은 소방(119)에서, 응급환자 상담은 응급의료정보센터(1339)에서 맡았다. 1339는 모든 응급정보 관리도 하고 안내도 맡았다. 의사와 간호사, 응급구조사 등으로 구성된 전문가가 응급질환과 관련한 전화상담과 병원 간 전원도 담당했다. 2004년 1339와 119 연계협정을 체결해, 업무의 효율을 위한 협업이 이루어지는 것처럼 보였다.

그러나 청와대는 이원화된 응급의료 신고체계를 한 곳으로 일원화할 방침을 세웠다. 표면적으론 시민들이 119와 1339 전화번호가 헷갈린다는 것이 이유였다. 청와대에서 두 전화번호를 하나로 합치라고 압력을 넣은 것이다. 당시 소방은 방대한 조직이었고, 1339는 대학에 위탁되어 있어 조직도 적었고 힘도 없었다. 타당성 조사를 위한 용역사업까지 벌인 끝에 119에 1339를 통합하는 것으로 결론이 났다.

2012년 1339 전화번호 관리는 소방으로 넘어갔다. 소방은 1339를 가져가는 조건으로 복지부가 구급 업무 관련한 데이터를 요구하면 주고, 데이터를 들여다볼 수 있게 하겠다고 약속했다. 1339 직원들을 모두 흡수해 활용하겠다는 것도 덧붙였다.

그러나 약속 이행 실천을 놓고 소방과 복지부, 의료계는 서로 견해차를 보였다. 복지부와 의료계는 소방이 데이터를 공유하지 않고 직원들도 채용하지 않아 불만이었다. 반면 소방청은 1339에 근무했던 직원 대부분 119상황실에서 근무하고 있고, 필요한 부분에서는 데이터를 공유하고 있다며 상반된 입장이다.

소방청은 1339가 성과도 안 나고 효율성이 떨어지니까 소방으로 일원화했다는 것이다. 환자이송 출동을 시키는 부서가 상담까지 맡을 필요성이 제기돼 통합논의가 있었고, 현재는 119에서 1차로 상담하고 전문상담은 의사와 연결해주고 있다는 것이다.*

1339 번호의 소방 이전문제를 놓고 한덕은 괴로웠다. 중간에 제대로 절충하지 못했나 하는 자괴감이 들었다. 소방과 응급의학 관계자들 사이에 중재를 못 한 자책감에 빠졌다.

한덕은 처음에 1339가 119로 가든, 그대로 남아 있든 크게 개의치 않았다. 소방에 있든 복지부에 있든, 그것이 환자를 위한 정책이라면 그 어느 곳에도 상관없었다. 정부 부처 간 서로 협력하고 환자를 위한 정책이면 상관없다고 생각했다. 그러나 막상 1339가 소방으로 가면서 문제가 발생했다.

119구급 업무는 소방청, 응급의료체계에 대한 전반적인 관리는 복지부에 있었고, 양쪽의 불협화음이 많아 서로 협조가 안 됐다. 지독한 부처 이기주의가 끊이지 않았다.

1339는 단순한 전화번호만의 문제는 아니었다. 응급환자가 발생했을 때, 상담하고 적절한 병원으로 안내하는 막중한 책임이 있었다. 응급의료전달체계의 중요한 부분을 차지했다.

---

* 지금의 1339 전화번호는 보건복지부 질병관리본부 콜센터 번호로 바뀌어 예전의 1339와 기능이 완전히 다르다.

1339 전화번호를 둘러싼 논란은 아직도 끊이지 않고 있다.

응급의료는 현장에서 시작된다. 병원 전 단계와 병원 단계의 연계는 중요하다. 그런데 소방과 복지부의 자료 공유가 되지 않아 응급의료체계 분석이 불완전하다. 응급의료는 병원 전 단계부터 퇴원, 재활까지 모두 분석해야 제대로 그 흐름을 알 수 있다. 복지부는 병원 전 단계를 제대로 알 수 없어 '반쪽 응급의료'라고 지적한다. 1339가 계속 복지부 소속으로 남아 있어야 했는데 그렇게 되지 않았다고 아쉬워한다.

응급의료 전문의
당직제

대구 4세 여아 장중첩 사건

2010년 11월 21일 일요일 오전 대구광역시. 조현아(가명)는 여느 때처럼 집에서 평온한 휴일을 보내고 있었다. 걸음마를 떼고 한창 재롱을 부릴 때인 4세 여자아이다.

그런데 아침부터 배가 아파 음식도 다 토했다. 현아 아버지 조상용(가명)은 아이들에게 흔하게 일어나는 구토라고 생각했다. 그러나 시간이 지나도 딸의 상태가 좋아지지 않았다.

조상용은 현아를 데리고 오후 3시경 집을 나섰다. 평일이었다면 인근 의원으로 딸을 데려갔겠지만, 이날은 휴일이라 대학병원 응급실을 빼고 병원이 모두 휴무였다. 서둘러 인근 A대학병원 응급실로 현아를 데려갔다. 이 병원은 장중첩 가능성이 있다고 알려줬다.

장중첩증intussusceptions은 장의 아랫부분이 장 윗부분으로 말려 들어가는 질환이다. 빨리 치료하면 문제가 없지만 늦게 처치하면 사망할 수도 있는 위험한 병이다.

그러나 소아병동에 대기 환자가 많아 진료가 어렵다며 다른 병원으로 옮기기를 권유했다. 이때가 오후 4시 30분이었다.

그래서 조상용은 인근 B대학병원 권역응급의료센터로 발길을 돌렸다. 이곳은 대구에서 가장 큰 병원이기 때문에 안심할 수 있었다. 의료진도 최고의 실력을 갖추고 있다는 평가를 받고 있어 걱정하지 않았다.

그런데 입구부터 심상치 않은 분위기가 느껴졌다. 곳곳에 대자보가 나붙어 있었다. 보건의료노조 소속 노조원들이 파업 중이었다. 응급실 인력은 평소대로 유지되고 있었지만, 검사실은 필수 인력의 60퍼센트, 병실은 10퍼센트만 근무했다. 평소와 같은 정상적 응급진료의 수행은 어려운 상황이었다.

조금 후 의사가 말했다.

"장염이면 다행인데, 장중첩이면 큰일입니다."

"그럼 어떡하죠?"

"현재로서는 영상의학과 전문의를 병원으로 응급호출해 검사하는 것보다 인근 외과 전문병원에서 검사를 받는 것이 시간적으로도 훨씬 유리합니다. 그곳으로 빨리 옮기세요."

인근에 있는 C외과 전문병원은 차량으로 5분만 가면 되는 거리였지만, 계속 병원을 옮기게 되니 마음이 조급해졌다. 조상용은 현아를 데리고 인근 C외과 전문병원으로 향했다. 병원에 도착해 초음파 검사를 받았다. 우려했던 대로 장중첩증이었다.

"B대학병원으로 옮기셔야 할 것 같습니다."

조상용은 병원들이 책임지고 진료하지 않고 서로 다른 병원으로 떠넘기려고 해 답답했다.

"B대학병원은 이미 다녀왔습니다."

"그런데 왜 그곳에서 치료를 받지 않았죠?"

"파업 중이라 전문의를 호출하는 것보다 전문병원으로 옮기는 것이 더 낫겠다고 판단하셨던 것 같습니다."

담당 의사는 할 수 없이 대구에 있는 대학병원 응급실 2곳에 연락했다. 모두 진료가 어렵다는 답변이 돌아왔다. 대구 인근 지역으로 다시 전화를 돌렸다. 구미에 있는 대학병원 만이 진료 가능하다는 말을 들었다.

딸을 옮기기에 앞서 조상용은 다시 B대학병원에 전화했다.

"지금 구미 병원으로 가려고 하는데, 구미까지 가도 괜찮나요?"

"구미 대학병원 정도면 치료에 문제는 없습니다."

그 사이 현아는 갈수록 의식이 없어져 갔다. 조상용은 1시간 정도 정신없이 차를 몰고 달렸다. 밤 7시 30분에 구미 병원에 도착했다.

상태가 악화해 장중첩 긴급수술을 시작했지만, 도중에 장 파열로 인한 쇼크로 몸은 회복할 수 없는 상태에 이르렀다. 다음 날 새벽 2시 현아는 다시는 '아빠'라고 부를 수 없게 됐다.

장중첩증에 걸린 4세 여아가 대학병원 응급실 등 4곳을 방문했지만 제때 치료를 받지 못해 허망하게 세상을 떠났다.

대구에는 권역응급의료센터, 지역응급의료센터 등 응급의료기관만 6개가 운영되고 있었다. 당시 조상용이 방문했던 병원들은 소아청소년과 전문의가 당직을 서야 할 의무가 있는 곳인데도 지키지 않았다. 응급의료기관 대부분이 응급환자의 진료를 1·2년 차 전공의한테 일임한 채, '온콜on-call'*이라는 당직 형태로 운영하고 있었다. 전문의에 의한 비상 진료를 하지 않았다.

이 사건을 계기로 현 응급의료시스템의 문제점을 대폭 개선하라는 국민 여론과 요구가 쏟아졌다.

한덕은 인턴 시절, 전문의의 도움을 제대로 받지 못해 죽은 8세 사내아이가 트라우마처럼 다시 떠올랐다.

응당법 개정

윤한덕은 응급실에 전문의사가 없어 살릴 수 있는 환자가 죽는 것을 수없이 봐왔다. 수련의 때부터, 전문의가 응급실에 내려와야 응급실

---

* 온콜은 의사나 경찰, 소방관 등이 비상상황에 대비해 대기하고 있는 상태를 말한다. 의료에서는 비상진료체계라고 불렸지만, 무늬만 비상진료체계였다.

문제가 해결된다고 생각했다. 응급의료 전문의 당직법(응당법)*은 있었지만, 관행적으로 전문의 대신 1, 2년 차 전공의가 진료를 계속한 것이다.

보통 응급실에 환자가 오면, 응급의학 전문의는 환자를 진료하고 판단에 따라 다른 과에 협진을 요청한다. 환자가 경증이면 다행이지만, 심장 또는 뇌에 문제가 생기면 1분 1초가 중요하다. 그러나 촌각을 다투는 응급환자들이어도 응급의학과 → 해당 진료과 레지던트 → 해당 진료과 전문의로 보고하는 과정을 거친다. 이 때문에 시간이 많이 흐를 수밖에 없다.

한덕은 이 문제를 해결하기 위해서는 응급의료 당직 전문의가 중증 환자의 경우 직접 진료하면 해결될 것으로 생각했다. 전문의를 배치하면 보고하는 시간을 생략해 환자의 신속한 치료가 가능하다는 논리다. 문제는 이를 전부 실현하기 위해서는 자원(인력)의 한계에 부딪힌다. 한정된 자원으로 많지 않은 중증 응급환자를 위해 병원마다 주요 분야의 전문의들이 대기하기는 쉽지 않다.

응당법의 제대로 된 추진이 한덕의 일생일대 최대의 과제였다. 응당법을 통해 응급실의 구조적 문제를 해결하려고 했다. 한덕은 2008

---

* 응급의료에 관한 법률 제32조(비상진료체계)에는 '응급의료기관은 공휴일과 야간에 당직 응급의료종사자를 두고 응급환자를 언제든지 진료할 준비체계를 갖추어야 한다.'라고 되어 있다.

년 국회를 찾아다니며 관련 법 개정 추진이 이뤄져야 한다는 것을 호소했다. 하지만 번번이 이루어지지 않았다.

그런데 장중첩 여아 사망 사건이 터진 것을 계기로 응당법 개정 추진이 활기를 띠었다. 국회는 사건이 발생한 일요일에 여러 응급의료기관에서 당직체계가 제대로 운영되지 않았다는 문제점을 발견했다. 현행 응급실 당직에 관한 법은 있지만, 벌칙조항이 없어 지키지 않아도 되는 유명무실한 법으로 판단한 것이다.

응당법과 관련해 당시 대한응급의학회 이사장이었던 유인술은 언론과의 인터뷰*에서 응답법의 유래를 다음과 같이 밝혔다.

> 응급실 당직에 관한 법은 1994년에 만들어졌다. 당시에도 전문의 또는 전문의에 준하는 사람이 응급실 비상호출을 받게 되어있다. 이후 2003년 응급의료기관별로 당직 전문의를 둬야 하는 진료과가 정해졌다. 다만, 3년 차 이상 전공의를 전문의에 준하는 사람으로 시행규칙에 명시하고 있었고, 비상진료체계를 준수하지 않더라도 의료기관이나 의료인에 관한 벌칙조항은 없다. 이 때문에 지키지 않아도 되는 법으로 인식했다.

국회에서 응당법 개정이 활기를 띠었다. 국회의원 전혜숙은 응당법을 준수하지 않으면 300만 원 이하의 과태료를 부과한다는 개정

---

* 중앙일보 헬스미디어(2012년 7월 26일).

안을 만들어 2011년 3월 보건복지부에 법률개정안 의견조회를 요청했다.

이에 대해 복지부는 소관 부처 검토의견에 '수용 곤란'하다는 입장을 내부적으로 정했다. 현행 시행규칙을 그대로 적용하는 것이 바람직하다는 것이다.

복지부는 이어 대한의사협회, 대한응급의학회, 중앙응급의료센터 등에도 법률개정안에 관한 의견을 듣기로 하고 공문을 보냈다.*

그러나 대한의사협회와 대한응급의학회는 아무런 견해를 밝히지 않았다. 반면 중앙응급의료센터는 응당법 개정이 조속히 이루어지기를 바랐다.

2011년 3월 3일, 윤한덕이 복지부 공무원에게 보낸 이메일은 다음과 같다.

> 제 의견은 아래 굵은 색으로 표기하였으며, 첨부 자료는 뒤에 붙였습니다. 비상진료체계에 관한 건은 정말 중요한 사항입니다. 의료계의 반발이 있겠지만, 그 법 하나로 많은 생명을 구할 수 있습니다. 이것은 예전 응급실에서 진료하던 시절부터의 제 소신입니다.

---

* 이 개정안은 2009년 7월 발의했으며, 대구 장중첩 여아 사망 사건을 계기로 국회 심사가 본격화된다.

소관 부처(보건복지부) 검토의견

주요내용	검토의견
• 응급의료기관의 장은 비상진료체계의 유지를 위해 응급의료기관의 종별에 따라 당직응급의료종사자로서 당직 전문의 또는 이를 갈음할 수 있는 3년 차 이상의 레지던트를 두도록 함(안 제32조 제3항)	• 수용 곤란(복지부 의견) − 기존 응급의료에 관한 법률 시행규칙 제19조 조문내용을 응급의료 당직전문의와 응급실 전담의사의 역할을 명확히 구분해 법률로 신설함으로써 국민의 응급의료 수혜 권리를 신장한다는 긍정적인 면 있으나 응급의료기관 당직의료진 운영에 대한 기준으로 변경 가능성을 고려해 현행대로 시행규칙에 규정하는 것이 바람직함 ※ 응급의료기관 인력 기준도 현행 시행규칙에서 규정 • 수정 수용(윤한덕 의견) − 비상진료체계는 24시간 응급환자의 수술 등 치료를 위해 강화함이 필요하고, 이를 위한 재정지원의 근거(법률 제16조, 제17조 및 제21조)가 있음 − 다만, 권역 내 최종치료를 담당하는 권역응급의료센터의 경우, 일부 진료과(영상의학과)의 확대가 필요 ※ 2010년 대구 여아 사망 시, 해당 권역 응급의료센터의 비상진료체계 미비

• 안 제32조 제3항에 따른 당직응급의료 종사자 또는 당직응급의료 종사자와 동등한 자격을 가진 자가 아니면 응급환자를 전담하여 진료할 수 없도록 함(안 제32조 제4항 신설)	• 수용 곤란(복지부 의견) - 응급환자가 여러 과의 협진을 필요할 경우 일정 자격 이상의 당직응급의료종사자 이외에는 진료를 전담할 수 없도록 함으로써 양질의 서비스 제공이 가능할 것으로 판단되나 전공의 수련병원의 당직 관행(대부분 1·2년 차가 응급실 당직 1차적인 진료를 수행하되 3·4년 차는 당직이나 백업하는 시스템)을 고려할 때 실효성이 떨어질 것으로 예측됨 • 수용(윤한덕 의견) - 당직응급의료 종사자가 비상진료체계를 위해 대기토록 함에도 불구, 실제 진료는 인턴과 1·2년 차 전공의에 의해 이루어지는 관행을 개선하여, 법의 사문화를 방지하고 전문진료가 필요한 중증 환자의 피해 방지 필요 ※ 진료 능력이 부족한 인턴, 저년차 전공의가 중증 환자에 직면 (2010, "고 김왕규 사건에 관한 세미나", 선한사마리안운동본부) ※ 전문의 당직의 필요성 : 별첨

한덕은 보낸 이메일에 '당직 전문의에 의한 응급환자 진료의 필요성'이라는 별첨자료를 첨부하고 응당법 개정의 필요성에 대한 이론적 배경도 제시했다.

이 자료에는 중증 외상 환자가 수술받기까지 수련병원의 평균 소요시간이 일반 병원보다 1.5~2.2배 길다는 것이 나와 있다. 외과, 신경외과, 정형외과, 흉부외과, 마취통증의학과, 영상의학과 사례를 들어 분석한 것이다. 급성심근경색 환자가 재관류 치료(일차적 관상동맥 성형술이나 혈전용해제 등을 통해 피가 다시 흐르게 하는 치료)를 받기까지 소요된 시간이 수련병원이 비非 수련병원과 비교해 91~212분까지 더 걸린다는 내용도 들어있다.

2011년 8월 4일 응당법 관련 개정법률안은 공포됐고, 1년의 유예기간을 두고 2012년 8월 5일부터 시행할 예정이었다.

그러나 응당법 시행을 앞두고 2012년 6월 14일 열린 의견수렴 공청회에서 대한병원협회와 대한전공의협회는 크게 반발한다. 대학교수들도 응당법을 준수하려면 다른 일을 모두 제쳐두고 내려와야 하는 일도 발생할 수 있어 불만이었다.

응당법은 의료계 전체를 흔드는 대사건이었다. 응급의학회도 부담스러웠다. 응당법으로 인해 촉발된 응급의학과와 다른 과와의 협진은 위기에 처했다.

"응급실에는 절대 내려가지 마!"

일부 병원의 과에서는 이 같은 극약 처방을 내렸다.

응급의학과 의사들은 다른 배후 진료과 동료와 얼굴 붉히는 게 부담스러웠다. 응당법의 방향은 누구나 동의했다. 그러나 현실은 추진하기가 어려웠다.

　개정법안은 처리되지만 병원, 전공의 등의 반발을 무마하기 위해 복지부는 당직 규정에는 이들의 요구조건을 수용한다. 당직에 온콜도 허용한다는 내용이 담긴 응급실 전문의 당직 규정 안내문을 공식 문서로 2011년 6월에 내려보낸다. 온콜을 받고 의료진이 1시간 이내에 도착하면 문제 삼지 않겠다는 유권해석을 내린 것이다. 법률이나 시행규칙에는 전혀 명시되지 않은 조치였다.

일생을 관통하는 철학

응당법은 윤한덕의 일생을 관통하는 철학이다. 그가 구현하려는 응급의료의 모습이다.

　한덕은 2012년 6월 29일 시민단체 대표 조경애가 오마이뉴스에 기고한 글을 공감했다. 한덕의 생각을 그대로 반영한 글과 같다. 조경애가 기고한 글이다.

> 꼭 1년 전인 2011년 6월 29일 국회가 여야 합의로 응급의료에관한법률(이하 응급의료법)을 개정하였다. 현 응급의료체계의 후진적인 실태를 개선하기 위해 응급환자를 당직 전문의 등이 직접 진료하도록 하고 이를 지키지 않으면 과태료를 부과하도록 개정한 것이다.
> …(중략)…

그런데, 입법 취지에 맞게 시행규칙을 마련해야 할 보건복지부는 위급한 생명을 맡긴 응급환자의 처지를 외면하고 의료제공자인 병원과 의사의 의견만을 일방적으로 수용하여 온콜을 당직으로 인정함으로써, 법률의 개정 취지를 훼손함은 물론, 국민이 제대로 된 응급의료를 받을 권리를 침해하고 있다.

응급의료법 개정에 따라 보건복지부는 비상진료에 필수적인 과목의 전문의 등(전문의와 3·4년 차 전공의)이 병원 내에 상주하도록 하는 시행 규칙안을 6월 27일까지 입법 예고했다. 당직 의사의 명단을 병원 내에 게시하고 병원 홈페이지에 공개하여 알 권리를 보장하는 규정도 포함하였다.

이에 대해 건강세상네트워크 등 시민단체들은 적극 찬성 의견을 밝혔지만, 병원장과 의사들은 반대하고 나섰다. 병원장들은 현실을 무시한 규제라며 응급센터 지정을 반납하겠다고, 전공의들은 과도한 업무가 더욱 가중된다며 반대하였다.

그러자 입법 예고 기간이 끝나기도 전에 보건복지부는 병원협회의 공문에 회신을 보내 병원협회의 요구를 모두 수용하겠다고 했다.

보건복지부는 응급환자를 책임질 수 있는 전문의가 병원에 상주하지 않고 '온콜on-call' 당직, 즉 인턴이 전공의를 호출하고, 다시 전공의가 전문의를 호출하는 당직체계야말로 응급환자가 의사 오기를 기다리거나 병원을 전전하게 하는 원인임을 누구보다도 잘 알고 있을 것이다.

그런 보건복지부가 전문의가 당직을 서게 할 수 없다는 병원 측의 주장만을 수용한 것은 현실을 무시한 타협에 불과하다. 과연 위반 시 과태료 200만 원을 법에 명시했다고 당직 전문의가 '언제든지',

'직접' 응급환자를 진료할 수 있을까? 의문이 가시지 않는다.
…(중략)…
그간 시행규칙 마련을 위한 일련의 과정에서 보건복지부는 시민의 의견을 듣는 노력을 하지 않았다. 지난 6월 14일에 있었던 공청회에서는 시민 참여 없이 병원 측의 일방적인 의견만 제시되었으며, 시행규칙을 논하는 자리에서 법 개정이 필요하다는 억지 논리만 되풀이되었다.
…(중략)…
모든 과목의 전문의가 당직을 할 수 없다 하더라도 생명을 다루는 최소한의 과목만큼은 전문의가 병원 내에 상시 대기하도록 함으로써 분초를 다투는 응급환자에게 최선의 진료를 지체 없이 제공할 수 있도록 해야 할 것이다. 응급센터에 어떤 과목의 당직 전문의가 있는지, 당직 전문의가 누구인지를 응급환자와 가족은 물론 지역사회 시민이 언제든지 알 수 있도록 공개해야 한다.
보건복지부는 병원 봐주기에서 벗어나 국민이 '생존할 권리'를 보장받을 수 있는 응급의료시스템을 갖추기 위해 노력하기를 요구한다.

2012년 7월 25일 대한응급의학회 이사장 유인술은 '응급실 비상진료체계에 대한 회원 안내'라는 제목으로 회원들에게 이메일을 보냈다.

대한응급의학회 회원 여러분께!
응급실 비상진료체계와 관련하여 많은 혼란이 있었고, 우리 학회와 회원분들이 병원 당국이나 다른 과로부터 많은 오해를 받게 되어 마음고생이 많으셨을 줄로 압니다.

그동안 학회 차원에서 적극적인 해명이나 안내가 부족했던 점에 대하여 깊이 사죄드립니다. 또한, 학회를 믿고 참아주신 회원분들께 감사를 드립니다.

여러 사정으로 인하여 우리 학회나 회원분들이 억울한 점이 많음에도 불구하고 감정적인 대응을 하기보다는 국회에서 제정된 법률이 개정되지 않는 한 의료계의 반발에도 불구하고 비상진료체계는 시행될 수밖에 없다는 점을 알기에 조금만 인내하면서 이 기회를 통해 실익을 취하는 것이 좋겠다는 판단하에 조용한 행보를 할 수밖에 없었다는 사정을 이해해 주시길 부탁드립니다.

비상진료체계와 관련하여 최종적으로 규제개혁심의위원회를 통과하여 8월 5일부터 시행되게 되었습니다. 이에 첨부파일과 같이 회원분들의 이해를 돕기 위한 내용을 첨부하오니 필히 읽어 주시기 바랍니다.

당시 대한응급의학회에는 마치 학회가 나서 응당법 개정을 추진했다는 오해를 받고 있었다. 하지만 응당법 개정은 학회와는 무관했다. 학회는 국회의원이 추진한 개정안을 일방적으로 통보만 받았다. 병원 당국이나 다른 과로부터 많은 오해를 받게 되었다고 표현한 것은 응당법 추진이 학회와 무관하다는 것을 강조하기 위한 것이다.

한덕은 그날 답장을 보내 응급의학회에 도움을 요청했다.

이사장님, 금번에 보건복지부 안대로 시행규칙이 통과됨에 따라, 응급의학과는 기회와 함께 커다란 도전에도 직면하게 되었습니다. 응급의학과는 앞으로 응급실에 오는 대다수 환자를 전담할 기회를 맡게 된 것이 틀림없으며, 이는 전문과목으로서 응급의학이 성숙할 수 있는 좋은 계기입니다.

하지만, 응급의학과가 대부분 응급환자를 자체진료로 소화해낼 수 있을 만큼 역량이 성숙하는 3~4년 동안은 어찌 되든 힘들게 분명합니다. 여기에는 이미 기존 시스템에서 수련을 마친 전문의의 개인적인 전문성 부족이 결부될 수밖에 없으므로 대학병원이 아닌 곳에서 근무하는 분들은 당분간 많은 곤란을 겪을 겁니다.

장기적 발전을 위한 개인적 피해라고는 해도, 앞으로 어려움이 있을 거라는 것, 그리고 시간이 흘러야 해결될 문제라는 것도 공지하셔서 대비할 수 있도록 배려하여 주시면 감사하겠습니다.

솔직히 저는 지금 앞이 캄캄합니다. 시행규칙은 보건복지부가 제 의견을 배제한 채 진행하였으므로 거기에 대해서는 책임이 없다 해도, 변수를 예측하지 못한 채 법률 원안을 들고 국회에 찾아가 아름다운 미래를 역설한 책임만은 면하기 어렵습니다. 설마, 복지부가 이런 선택을 할 거라고는 생각하지 못했습니다. 우리 정부의 법규 개정 시스템이 이렇게 허술할 거라고는 복지부 곁에서 10년을 지켜봐 온 저도 예측하지 못했습니다.

이사장님 말씀대로 만약 타과 전공의를 응급실 당직 의사에 포함하게 된다면, 이번 변화는 원점입니다. 애초 제 구상의 하나는, 앞으로의 응급실에 타과 1·2년 차 전공의가 환자를 책임 진료하는 것을 없애는 것이었습니다. 그러니 저는 어떻게든 그런 편법을 차단할 방법을 강구하여야 합니다. 보건복지부가 제가 초기에 제시한 시행규칙을 무시해 버렸기 때문에 가능한 편법입니다.
즉, 초기 규칙 안에 있던 '전담전문의 등이 아닌 자에게' 환자 의뢰를 금하게 했던 조항이 없어졌기 때문입니다.
논리적으로 응급환자를 응급의학과에서 대부분 담당하고 소수의 환자, 즉, 입원이나 수술이 필요한 환자를 당직 전문의가 협진한다는 것은 맞습니다만, 앞으로 그렇게 논리적으로 전개되지 않을 겁니다.
응급실 이용 환자나 보호자는 '비합리적인 소비자'로 봐야 맞습니다. 그분들에게 법 구조가 이렇다 설명할 수는 없습니다. 손가락에 피만 맺혀도 on-call 당직 전문의를 불러줄 것으로 요구하고, 뜻대로 되지 않으면 진료비를 지급하는 시점에서 갈등이 생길 게 분명합니다. 더욱이 사망할 게 분명한 환자 보호자도 의학적 필요성과는 무관하게 사망의 원인을 당직 전문의의 비진료로 돌릴 위험도 큽니다.
첫째, 당직 전문의의 호출 문제를 두고 응급의학과가 환자와 병원 사이에 끼인 처지가 될 것입니다.
둘째, 의료분쟁 조정신청과 소송이 늘어날 겁니다. 그리고, '즉시' 진료의 모호성 때문에 의료기관이 조정과 소송에서 패소하는 사례도 늘어날 것입니다.
환자와 의사 사이의 접점을 사기그릇 다루듯 조심스럽게 판단해야 하는데, 복지부도 저도 그렇게 하지 못했습니다.
사실, 이번 개정을 응급의료전달체계 정비의 계기로 하고자 하였습니다. 과잉지정된 응급의료센터와 지역응급의료기관의 절대 숫자를 줄이고, 농어촌에는 취약지역 지원사업을 통해 상시 안정적 진료를 제공하는 거점 응급의료센터를 육성하는 방향으로 갈 거라고 예측하였습니다. 소수의 응급의료센터에 수가, 재정지원과 인력을 더 집중시키고 배후진료도 강화하여 향후 다시 늘어날 응급의료센터의 질 수준을 한 차원 이상 격상시키고자 하였습니다. 결론적으로 실패입니다. 보건복지부는 지역응급의료기관까지도 전과 당직을 규정함으로써 지역응급의료센터의 퇴로를 차단해 버렸습니다. 즉, 당직을 하지 않으면 지역응급의료기관이 되는 대신 응급의료기관 지정을 반납해야 하는 벼랑에 몰리고 말았습니다.
형님,
현재까지도 학회에는 나쁘지 않은 게 분명합니다. 아니 분명히 기회일 것입니다. 하지만, 그것뿐, 저는 아무것도 얻지 못했습니다. 응급의료센터의 질도 올리지 못했고, 전달체계도 정비하지 못했습니다.
재정 이전 효과도 거두지 못했습니다. 오늘도 복지부는 고작 5천 명 주민의 응급의료센터 접근성을 높이기 위해, 한 병원에 20억 원을 쏟아붓고자 하고 있습니다.
저는 다시 시작해야 합니다만 그 방법이 잘 떠오르지 않습니다. 뭔가 계기가 될만한 게 있어야 하는데…….
저 좀 도와주시기를 부탁드립니다.

병원협회는 응당법 개정안 시행에 반발했다. 전북도의사회 김재연 보험이사는 2012년 8월 3일 언론 '데일리메디'에 기고했다.

중소병원은 전문의를 1~2명 두는 것에 불과한 상황에서, 매일 혹은 하루걸러 이어지는 당직규정이 규모가 작은 병원의 전문의마저 사직하게 하는 현상이 벌어질 것이다. 이렇게 되면 환자는 자연히 인력이 많은 대형병원으로 몰리게 되고 이들 병원에 근무하는 전문의들의 진료 부담이 가중되고 야간응급진료의 질도 악화하는 악순환을 밟을 가능성이 커질 수밖에 없다. 게다가 대형병원 응급실을 찾게 되는 현상은 경영이 어려워 야간까지 환자를 보는 상황에서 개원의들의 삶마저 더 힘들게 할 것이다. 즉, 응당법 시행이 '중소병원의 부족한 인력 → 당직업무 가중 → 사직 → 대형병원 환자 쏠림 → 대형병원 업무 가중 → 개원 → 경영난 심화'로 이어지는 연결고리를 형성해 개원의, 봉직의 할 것 없이 근무여건을 어렵게 만들 것이다.

…(중략)…

비상진료체계를 가동하면 병원의 비용이 증가하고, 비용증가에 대한 보상이 없다면 응급실 폐쇄로 이어질 수 있다. 현재의 수가도 원가의 68.5퍼센트 밖에 되지 않아 응급환자를 많이 볼수록 손해가 커지는 구조에 대한 개선이 없이는 응급의료기관 지정 반납 사태는 불을 보듯 자명하다.

응급의료법 하위법령 개정에 따른 의료기관의 충실한 준비와 의료 현장의 혼란을 최소화할 수 있도록 3개월의 계도기간을 운영하며 행정처분을 유예한다고 정부가 발표하였지만, 근본적인 문제가 해결되지는 않는다. 최소한 의료 현실상 이행에 어려움이 많은 지역응급의료기관만이라도 제외하지 않는다면 응급의료 취약지가 급격히 증가할 수밖에 없다. 응급의료체계의 개선을 통해 응급실 진료의 내실화를 목저으로 한 응급실 당직법이 오히려 비상진료체계를 무력화시킬 수 있다.

응당법은 한덕의 응급의료에 관한 사상과 철학이 고스란히 담겨 있었지만, 의료계에서 '뜨거운 감자'였다. 디테일에 있어서 문제가 많았다. 의료계 전체의 아픈 부분 중 하나였다.

전문의들은 근무하기 편한 외래에만 주력했고 힘든 응급환자를 위한 당직근무는 원하지 않았다. 응급실은 힘들어 기피 대상이었다. 전문의들은 낮에 안 내려오고 밤에는 당직을 서지 않았다. 전문의는 당직을 서지 않는다는 규정rule이 불문율처럼 퍼져 있는 것도 응당법 시행에 걸림돌이었다. 전문의가 당직을 서지 않는다는 것은 몸에 배어 있는 관습과 같은 의료문화였다. 이것을 바꾼다는 것은 쉽지 않았다.

병원들은 응당법을 시행하기 위해서는 전문의를 많이 확보해야 한다. 그에 따른 인건비 부담도 늘어날 수밖에 없었다.

응당법 개정에 대한 병원, 전공의, 교수 등의 반발이 워낙 심했고, 정권 퇴진 운동까지 이어질 기세를 보이자 정부도 부담스러웠다. 밀어붙일 수 없는 지경에 이르렀다. 복지부는 응당법을 계속 강하게 밀어붙이는 걸 포기했다. 지금은 거의 사문화되어 있는 법이다.

전남대 의대 교수 허탁은 응당법을 놓고 윤한덕과 자주 논쟁을 벌였다. 전남대병원에서 한덕과 레지던트를 같이 했기 때문에 허탁은 누구보다 응당법의 필요성을 많이 느끼고 있었다. 하지만 현재의 의료 현실을 봤을 때 응당법을 제대로 추진하기는 무리가 따를 것으로 생각했다.

"응당법은 너무 이상적인 정책 아니야?"

허탁은 현실에 적용하기 어려운 법이라는 취지로 말했다.

항상 단계적으로 올라가야 하는데, 한덕은 너무 앞서간 정책을 추진하고 있다고 생각했다.

"정책은 속도의 문제야. 현실을 반영하고, 현장에서 돌아갈 수 있는 정도, 설득 가능한 정도의 속도로 가야 한다."

"형! 응당법은 응급의료의 발전을 위해서는 꼭 시행해야 할 제도입니다."

한덕은 소신을 굽히지 않았다.

"전문의들이 응급실에 가서 중환자를 진료해야 하는데, 20년 동안 싸워도 고쳐지지 않고 있습니다. 형도 알다시피 우리가 얼마나 고생했습니까? 중증 응급환자가 발생하면 경험 많고 의술이 뛰어난 사람이 현장에서 빨리 결정해서 처치하는 것이 바람직하잖아요."

"그러나 현실이 그것을 받쳐주지 못하잖아! 응당법을 시행하기 위해서는 의료자원을 많이 늘려야 하는데, 가능하겠어?"

허탁은 한덕이 한 발짝씩만 앞서가야 하는데, 두세 발을 한꺼번에 내디딘다고 생각했다.

한덕은 말했다.

"우리나라는 전문의만 따면, 다 외래환자만 보잖아요!"

응급실에는 의술을 막 배우는 레지던트만 내려갔다. 그것도 1, 2년 차 레지던트가 응급환자를 상대한다. 환자 상태가 심각하면 전화로 교수에게 보고하고 전화로 지시를 받았다. 이 때문에 응급환자 치료가 늦어진 것을 많이 경험했다. 응급실에는 전문의가 제일 먼저 와서 환자를 봐야 한다는 한덕의 생각은 변함이 없었다.

하지만 응당법을 제대로 시행하려면 의료자원이 더 필요하고 이에 따른 비용도 상승할 수밖에 없었다. 국민은 조금 더 비용을 지출하고 제대로 된 의료 서비스를 받을 것인가? 아니면 비용부담 없이 현 의료체계를 고수할 것인가? 한덕은 국민에게 물어볼 필요가 있다고 생각했다.

의료비 상승 문제도 생각해봐야겠지만, 의사도 의식이 바뀔 필요가 있었다. 전문의를 따면 중환자나 응급환자를 보려는 마음가짐이 있어야 하는데 대부분 외래만 보는 것이 현실이었다.

외래환자는 의료진이 충분히 검토할 시간이 있지만, 중증 응급환자는 그럴 시간이 없다. 외래환자는 순간이 생명을 좌우하지는 않지만, 중증 응급환자는 순간이 생사를 좌우한다. 레지던트보다 전문의가 중증 응급환자를 치료해야만 하는 이유였다.

응급실에는 경증 환자, 중증 환자는 물론 심지어는 감기 환자까지 한꺼번에 혼재해 있다. 응급의료시스템에 변화를 주려면 우리나라 의료시스템을 통째로 바꿔야 한다. 그렇게 바꾸려면 전체 의료 틀을 통째로 흔들어야 하는데, 넘지 못할 벽이었다. 응급의료는 대한민국 의료시스템의 일부분이라는 것이 현실이었다.

한덕은 응당법이 일선 병원에서 제대로 시행되지 않고 사문화되고 있는 것을 보면서 괴로워했다.

그리고 서서히 지쳐갔다.

세월호 침몰과
울음

2014년 4월 16일 인천에서 제주로 향하던 여객선 세월호가 전남 진도군 병풍도 앞 인근 해상에서 침몰하면서 전체 탑승자 476명 중 299명이 사망하고 5명이 실종됐다. 생존자는 172명이었다.

사건 발생 하루 뒤 한덕을 비롯한 응급의료센터 직원들은 진도로 내려갔다.

사고 4~5일째, 만약 생존자가 있다면 배 중간에 공간이 떠서 한두 명이 있을 가능성이 있다는 뉴스가 나왔다. 그러나 7일이 지나자 생존자가 더 있을 것이라는 기대를 대부분 저버렸다. 하지만 한덕은 끝까지 포기하지 않았다.

실종된 사람을 구출했을 때 필요한 중요 의료기구들을 철수하지 않고 그대로 남겨두었다. 혹시나 구출되는 사람을 바로 치료할 수 있도록 대비하기 위해서다. 구조되면 가장 큰 문제일 저체온증에 대비해 장비를 챙겼다. 나중에 본인의 책임 문제나 감사 문제가 아니라 오직 살려야겠다는 자세로 임했다. 만에 하나라도 희망의 끈을 버리지 않았다. 한덕은 사건 대응 대부분의 의사결정을 현수엽과 함께 했다.

사망자가 떠오르면 장례지원반에서 사체를 옮기고 가족이 확인하는 절차가 있다. 이 확인과정에서 가족들의 오열을 매번 들었다. 한덕은 뇌리에 박혔던 아이 엄마의 슬픈 흐느낌이 또다시 들려왔다.

"세상에서 제일 듣기 힘든 것이 자식을 잃은 엄마의 절규입니다."

한덕은 현수엽에게 본인의 인턴 시절 경험담을 세월호 침몰현장에서 이야기했다. 그 울음소리가 팽목항 곳곳에서 울려 퍼지는 것 같았다. 한 명이라도 더 살리고 싶었다.

그러나 뜻대로 되지 않았다.

한덕은 세월호 사건을 계기로 중앙재난의료상황실(현 중앙응급의료상황실)을 만들었다. 그전에는 상황이 발생했을 때 임시로 상황실을 꾸렸다. 대형사건이 터졌을 때 임시상황실을 차렸다. 그 일이 끝나면 해체를 반복했다. 그러나 점차 빈도도 높아지면서 상시 상황실이 만들어졌다. 한덕은 상황실에 보고된 사고를 직접 챙기는 경우가 많았다.

재난 의료 컨트롤 타워를 만든 뒤 병원은 소방하고 연계해 신속하게 재난에 대응할 수 있었다. 119로 사고신고가 들어오면 재난팀에 바로 연락하는 시스템을 갖추었다. 중앙센터는 사고 발생 지역 병원을 물색했고 각 병원의 병상 정보, 의료진 현황 등을 알 수 있도록 했다.

윤한덕은 2015년 4월 19일 '재난 의료 골든타임은 60분… 지휘체계 통합이 우선 과제'라는 주제로 '중앙선데이'에 기고했다.

…(상략)…
재난대응의 핵심 목표는 피해자의 생명과 건강을 보호하는 것이다. 따라서 구조 직후 현장에서 응급의료가 시작돼야 하는 것은 당연하다. 재난 현장에 대응하는 경찰·소방·군·해경과는 달리 의료진은 대부분 공무원이 아니다. 우리나라 의료 자원의 90퍼센트는 민간이며 공공 10퍼센트의 대부분도 민간인이므로 재난 의료에서 민간자원의 활용은 불가피하다. 세월호 참사에서 보았듯 훈련된 정부조직 역시 경험해보지 못한 재난에는 제대로 대응하지 못한다. 그런데 준비되지 않은 민간의료진이 재난 시에 과연 체계적으로 활동할 수 있을까.
…(중략)…
의사소통의 '칸막이'는 다양한 기관 소속의 인력이 협업해야 하는 현장에서 최대의 장애물이다. 소통이 없으면 마우나 리조트 사고에서 보듯 의료진의 현장 출입이 통제되는 사태까지 벌어진다. '보고 → 판단 → 지시 → 협조'로 이뤄지는 선형의 의사결정은 시간 소모가 크고 급박한 상황에서는 전달 중에 정보가 왜곡될 위험이 크다. 수평적으로는 현장에서 일하는 소방·군·경찰·의료진 간 동시적인 공용 통신 수단이 필요하다. 수직적으로는 일선 구조자부터 최고 결정자까지 보고와 지시를 단층화 할 수 있는 수단이 있어야 한다. 궁극적으로 현재의 수평적·수직적 의사소통 구조를 민관이 통합된 입체 구조로 바꿀 수 있다면 대응 과정에서의 오류는 물론 그 오류를 밝히기 위한 사회적 비용을 줄일 수 있다. 모바일 기기를 통해 문자는 물론 사진·동영상까지 순식간에 퍼져나가는 현재의 정보기술IT을 이용해 좀 더 효율적인 수단을 개발해야 한다.
…(중략)…
병원뿐 아니라 구급차와 응급헬기를 포함한 다양한 민관 의료자원을 통합 지휘하고 총괄할 수 있는 재난의료 컨트롤 타워를 강화하는 것이 시급하다.

한덕은 2014년 세월호 참사 때 몇 달간 전남 진도군 팽목항에 머물면서 무척 울었다.

공포의 전염병
메르스

임상과 행정을 겸비한 의사

2015년 대한민국에 중동호흡기증후군 일명 메르스MERS* 감염자가 대량으로 발병해 온 국민을 공포로 몰아넣었다.

그해 5월 20일 오전 7시 30분, 국립중앙의료원에 한 통의 전화가 걸려왔다.

"여기 질병관리본부인데요. 오늘 메르스 1번 환자를 국립중앙의료원에 전원할 예정입니다."

이 전화 한 통으로 국립중앙의료원은 아침부터 비상이 걸렸다. 병원은 곧바로 비상 감염관리체제로 전환했다. 메르스에 대한 정보가

---

* 메르스는 2012년 4월부터 국내에 퍼진 급성 호흡기 감염병이다. 사우디아라비아 등 중동 지역을 중심으로 주로 감염자가 발생했는데, 우리나라에도 2015년 5월 첫 감염자가 생겼다. 6월 1일 최초 감염자와 접촉했던 환자 2명이 처음으로 사망한다. 이후 사망자가 계속 늘어나면서 감염자 186명 중 38명이 숨졌다.

거의 없는 상태에서 '에볼라'에 준하는 최상급 감염관리 비상체제에 돌입했다. 의료진, 간호사, 행정직원들이 총동원됐다. 메르스를 막기 위한 방호복의 열기는 뜨거웠고, 의료진은 숨이 턱턱 막혔다.

국립중앙의료원에 외래와 입원환자 진료가 중단되는 초유의 일이 벌어졌다. 지금까지 국립중앙의료원이 진료를 중단한 사례는 없었다.

언론에서는 메르스 감염환자가 죽어간다는 뉴스를 연일 내보내 나라가 온통 불안에 빠졌다. 5월 30일, 메르스 감염자가 삼성서울병원 응급실에서 사흘간 무방비로 있었다는 사실이 밝혀졌다. 의사를 시작으로 환자, 보호자 등 47명의 감염자가 대량 발생하면서 메르스가 갈수록 퍼지자 공포감마저 감돌았다.

응급실에 머물렀던 접촉자들이 전국으로 이동하면서 메르스의 확산은 걷잡을 수 없었다. 응급실의 무력함이 그대로 드러난 사건이었다.

메르스는 인재人災였다.

메르스가 확산한 것은 중증과 경증 환자가 복잡하게 뒤섞인 응급실의 후진적인 구조 때문이었다. 감기만 걸려도 응급실을 찾는 환자들의 뒤섞임 속에 메르스 환자까지 응급실을 찾아 사태를 더욱 확산시켰다. 전염병이 집단으로 퍼질 수밖에 없었다.

메르스는 대한민국 응급의료의 현실을 적나라하게 드러낸 사건이었다. 메르스 사태로 응급실 과밀화에 대한 사회적 관심이 급격히 높아져 개선의 목소리가 들끓었다.

메르스는 우리나라에서는 전혀 생소한 감염병이어서 국립중앙의료원 원장 안명옥은 어떻게 대처할지 도무지 알 수가 없었다. 임상의사들도 처음 경험하는 것이었고, 국민도 어떤 감염병인지 제대로 알지 못했다. 그야말로 전시상황과 다름없었다.

안명옥은 메르스를 진압할 긴급 구원투수가 필요했다. 임상은 물론 메르스 대응책을 실시간으로 정부에 알리며 대책을 총괄할 사람을 찾았다. 의사이면서 행정까지 잘할 수 있는 사람을 수소문했지만 찾을 수 없었다. 대부분 임상은 할 수 있었지만, 행정까지 처리할 능력 있는 사람이 보이지 않았다. 메르스 사태를 총괄적으로 지휘할 사람이 마땅치 않자 안명옥은 골치가 아파왔다.

그 과정에서 윤한덕의 이야기를 들었다. 그는 중앙응급의료센터를 책임지고 있으며 행정도 잘한다는 소문이 나 있었다. 임상 경험도 있었고 행정 경험도 충분한 의사였다. 메르스가 전염병이었지만 현 상황은 응급상황과 마찬가지여서 응급의학과 전문의인 한덕을 적합한 사람으로 판단했다.

안명옥은 윤한덕을 메르스 기획 반장으로 임명하고 의사, 간호사, 행정직원을 망라한 대응반을 꾸렸다. 다른 대학병원에서 20년 정도 근무하다 국립중앙의료원에 온 김지숙도 대응반으로 차출됐다. 대응반 반장이자 기획 반장인 한덕을 그때 처음 봤다. 김지숙은 의사가 행정을 하는 것이 이상했다.

'의사가 왜 이런 데 있지?'

속으로 생각했다.

김지숙은 궁금해서 한덕에게 물었다.

"왜 여기 계세요?"

"……"

한덕은 딱히 어떻게 대답해야 할지 몰랐다.

임상을 경험하지 않으면, 메르스 사태를 총괄 지휘하기가 쉽지 않다는 것을 김지숙은 너무도 잘 알고 있었다.

임상과 전염병, 응급상황, 정책…….

이 모든 것을 짧은 시간에, 그것도 전염환자가 늘지 않게 하는 건 쉽지 않은 일 같았다.

그러나 한덕은 일 처리가 정확하고 세부적인 측면까지 꼼꼼히 처리하는 능력을 갖추고 있었다. 임상, 법안, 정책까지 모두 잘할 수 있는 의사라는 사실에 놀랐다. 그것도 기획 반장이라는 중요한 역할을 맡고 있어 더욱 신기했다.

의사들은 원래 통솔이 잘 안 된다. 자기 주관이 강하기 때문이다. 이들을 통솔하고 정부에 행정적인 문서를 제출해 그날그날 상황보고를 하는 것은 더더욱 어려운 일이다. 진료 대책도 매일 마련해 보고

해야 한다. 메르스가 국가적 재앙이기 때문이다. 한덕은 그 많은 일을 막힘없이 해냈다.

한덕은 메르스 확산을 막는 위해 단계별로 대응방안을 마련한 것 같았다. 우선 메르스 균을 차단할 수 있는 음압 병상을 구상했다. 음압 병상은 병실 내부 기압을 인위적으로 떨어뜨린 격리 병상으로 병실 내부의 병균, 바이러스가 병실 밖으로 퍼져나가는 걸 방지하는 시설이다.

시간이 오래 걸릴 것으로 보였다. 그런데 운이 따랐다. 마침 공대를 나온 시설부 직원이 음압 병상을 만들 수 있는 공구를 활용하자는 아이디어를 냈다. 한덕은 이 아이디어를 바로 알아봤다. 공대를 진학하고 싶었고, 평소 기계를 분해하고 조립하며 완성하는 것에 관심이 많아 가능성이 충분히 있다고 판단한 것이다. 기계에 관심이 없었다면, 알아보지 못했을 수 있다.

한덕은 안명옥에게 메르스 확산 방지를 위한 방안을 보고했다.

"원장님! 시설과 직원이 음압 병상에 활용할 수 있는 기계를 추천했는데, 제가 검토해보니까 괜찮을 것 같습니다."

"아, 그래요? 윤한덕 반장 생각대로 하세요."

한덕은 응급상황에 워낙 능했고, 현장 판단능력이 뛰어났다. 안명옥도 곧바로 결정해 순식간에 일이 진행됐다.

그러나 음압 병상을 만들 당시 주위 사람들은 한덕에게 비난을 퍼부었다.

"사람이 실험대상이냐?"

"그것밖에 방법이 없냐?"

검증되지 않은 방법으로 치료하는 걸 주위에서는 이해하지 못해 나오는 소리였다.

하지만 한덕은 이에 아랑곳하지 않고 음압 병상을 만들어갔다. 하나를 시범적으로 빨리 만들어 메르스 균이 없어졌는지 실험까지 거쳤다. 다행히 문제는 없었다. 속전속결 이틀 만에 시범 음압 병상을 완성했다. 그 과정에 많은 사람의 팀워크가 있어서 추진이 더 쉬웠다. 판단과 행동이 신속해 일의 속도가 더 빨라졌다. 그 일을 윤한덕이 주도했다.

음압 병상을 완성하자 음압 구급차도 필요했다. 환자를 다른 사람과 분리해 옮기는 수단을 마련하는 것도 급선무였다. 병원 간 환자를 옮겨야 하고 지역 거점 병원에서도 이송 수단을 만들 필요가 있었다. 한덕은 음압 구급차도 만들기로 하고 구체적으로 실행계획을 세웠다. 음압 병상과 마찬가지로 음압 구급차도 전염병 확산 방지에 효과가 있는 것 같았다.

사실 음압 구급차 아이디어는 메르스 사태가 터지기 전부터 한덕이 정부에 제안했지만 받아들여지지 않았다. 한덕은 항상 시대를 앞서갔지만, 알아보지 못한 것이다.

정부 부처는 정책사업을 만들어 정부산하기관에 세부사업계획을 만들어달라고 요청하는 일이 많다. 정부에서 세부계획을 만들면 정부산하기관에 실행하도록 하기도 한다. 하지만 한덕은 먼저 기획하고 정부에 실행하자고 제안하는 사례가 많았다.

메르스는 음압 병상뿐 아니라 한덕이 구상했던 음압 구급차를 만들 기회를 제공한 것이다. 그는 중환자용 응급구급차에 음압을 넣는 걸 구상해 이전부터 실현하고 싶었지만, 정책 입안자들의 혜안이 없어 번번이 폐기됐다. 메르스 같은 전염병이 확산하면서 위기의식을 느끼지 않았다면 이 역시 아이디어로만 끝날 수 있었다.

전염병을 차단하기 위한 국립중앙의료원의 노력은 계속됐다. 안명옥도 그렇지만, 한덕도 하루 2~3시간만 자며 메르스와 사투를 벌였다. 안명옥은 전쟁터 군인이 이렇게 살겠구나, 생각했다.

한덕의 생각대로 음압 병상과 음압 구급차가 결국 만들어졌고, 의료원에 감염자가 한 명도 발생하지 않았다. 국립중앙의료원이 메르스 중앙거점 의료기관으로 지정된 이후 총 67명(확진 30명, 의심 37명)의 환자를 단 한 명의 추가 감염 없이 진료했다.

이를 계기로 원장이었던 안명옥은 자신을 희생하면서 몸소 실천했던 한덕을 좋아하지 않을 수 없었다. 전문가적인 소명감과 사명감이 있어 더욱 아끼고 싶었다. 안명옥의 철학을 같이 공유할 수 있는 후배로 다가선 것이다. 일생의 동지이자 은인이었다.

'윤한덕이 없었으면 이 모든 것을 이루지 못했을 것이다.'

마음속으로 그렇게 생각했다.

이후 국립중앙의료원은 중앙감염병 병원으로 지정됐다. 신종 감염병, 원인불명 질환 및 고위험 감염병 환자 등의 진단·치료·검사를 전담하고 감염병 대응에도 질병관리본부와 함께 중추적인 역할을 담당하게 됐다.

안명옥은 한덕이 일과 연구만 한다는 것을 알게 되었다. 생각과 말과 행동이 일치한다는 사실도 발견했다. 한덕에게는 어떤 잔소리도 필요하지 않았다. 즉각적인 행동력이 뛰어난 훌륭한 의사이자, 행정가였다.

"정말 잘했어요, 훌륭합니다."

이 말밖에 할 수 없었다.

사람들은 보통 처음 하는 행동은 위험이 따르기 때문에 주저한다. 어쩌면 시도조차 하지 않는다. 그러나 한덕은 달랐다. 그것이 처음으로 하는 일이라도, 필요한 일이라고 생각하면 바로 뛰어들었다. 메르스 때도, 다른 모든 재난에도 마찬가지였다.

메르스 사태를 해결하면서 한덕은 능력을 인정받았다. 안명옥은 한덕에게 국립중앙의료원 기획조정실장 자리를 맡아달라고 요청했다. 기획조정실장은 예산과 행정실무를 총괄하는 자리로, 이를 차지하기 위해 치열한 로비가 벌어지기도 한다. 한덕은 그 자리에서 바로 거절했다. 응급의료 일에 소홀할 수 있다는 이유 때문이었다.

　한덕이 기획조정실장을 하면서 병원의 일을 더 많이 처리하기를 바랐지만, 그 자리를 원치 않아 어쩔 수 없었다. 대신 안명옥은 중요한 정책을 결정할 때면 항상 한덕을 불러 자문을 들었다. 신속히 추진해야 할 일이 있으면 단둘이 만나 신속하게 의사결정을 하고 진행했다. 응급의료와 관련된 일이면 직접 논의한 뒤 한덕의 의견을 대부분 받아들였다. 한덕은 사석에서 누님이라고 부를 정도로 안명옥과 친밀한 관계였다.

　안명옥과 한덕은 대한민국의 응급의료상황을 한눈에 모두 볼 수 있는 응급상황실을 만들 꿈을 꾸었다.

　'윤한덕! 너는 영원히 여기 남아서 그 꿈을 이루어야 한다.'

　안명옥은 한덕이 응급의료의 발전, 대한민국 의료의 발전을 이끌어갈 사람이라고 생각했다. 안명옥은 대한민국의 응급의료는 한덕이 책임지고 가야 한다는 것을 누구보다 잘 알고 있었다. 전문가가 되려면 그 분야에서 오래 있어야 한다는 것도 경험으로 터득했다.

　그러나 한덕은 힘들고 지쳤다. 중앙응급의료센터에 너무 오래 있었다고 생각했다. 지금까지 해왔던 응급의료시스템 구축 작업도 마음에 차지 않았다. 자신이 아니라 다른 사람이 했으면 더 발전하지 않았을까, 하는 생각도 했다.

　2016년 2월, 한덕은 직원들에게 센터장을 그만하고 병원을 떠나겠다고 선언했다. 자리에 대한 욕심은 아예 없었다.

동요

리더였던 한덕이 병원을 나오지 않는다고 선언하자 중앙응급의료센터 직원들은 동요했다. 그가 없으면 응급의료가 잘 굴러가지 않는다는 걸 너무 잘 알고 있었기 때문이다.

  센터 응급의료사업팀장이었던 응급의학과 전문의 김정언은 2016년 2월 17일 윤한덕에게 이메일을 보냈다. 6개월 정도 함께 일했지만 떠나는 것을 아쉬워하는 내용이다.

(…상략…)
벌써 이번 달을 보내면 반년이 되네요. 고작 반년이기도 하고, 벌써 반년이기도 합니다.
아직은 너무 부족한 것이 많고 알아야 할 것도, 키워야 할 철학도, 꿈도 많은데.
그 모든 것을 센터장님 아래에서 편안하게 할 생각을 했던 제 욕심이었나 싶기도 합니다.
요즘 같은 세상에, 존경하고 싶은, 따르고 싶은 상사든 선배든. 만나기가 쉽지 않음을 알고, 어쩌면 그래서 너무 힘들 정도로 바쁘고, 가정과 일 사이의 갈등이 생기는 가운데서도 일을 놓지 않고 버틸 힘을 만들어 주던 것이, 센터장님 같은 멘토 아래서 나도 정말 더 커야겠다, 그래 잘할 수 있어, 잘해보자, 라고 계속 되뇌던, 그런 미래에 대한 꿈이 있었기 때문인데.
그렇게 나를 잡고 있었던 센터장님이 빠지신다 생각하니. 지금 이 상황을 어떻게 받아들여야 할지.
(…중략…)
센터장님이 없는 중앙응급의료센터의 모습을 상상하지 못할 많은 사람이 있지요.
그래서 흔들릴 겁니다.
제가 흔들리는 것처럼.
아마도 오래 걸리겠지요. 다시 중심을 잡는 것이.
센터장님께서는 남은 이들이 분명히 잘해 낼 것으로 생각하시겠지요. 저도 잘 해낼 수 있다고 생각하실 테고요.
그래도. 그들이 버틸 수 있는 것이, 센터장님이 뿌리를 든든히 해 주셨기 때문인데. 뿌리가 뽑힌 나무가 어떻게 잘 자라날까요.
잘 모르겠습니다. 그래서. 다시 돌아오시라. 마음을 돌려주시라. 잠시 흔들리거나 잠시 쉬셨다가 돌아와 달라고. 애걸하고 협박하고 그러고 싶다가도.
시간이 지나면 다 어떻게든 흘러가겠지.
그렇게 무심한 듯 생각하면.
보내드릴 수 있겠다 싶기도 하고. 그렇습니다.
(…하략…)

이어 3월 초에 한덕은 원장인 안명옥에게 공식적으로 사표를 제출했다. 그러나 안명옥은 사표를 수리하지 않았다. 국가를 위해서라도 윤한덕을 그만두게 할 수 없었다.

"절대 안 된다. 당신 같은 사람, 국가를 위해 당신 같은 사람은 더 있어야 한다."

끝까지 남아 있도록 했다. 그리고 배수진을 쳤다.

"네가 관두면 나도 그만둔다."

그만큼 아낀 사람이었다.

안명옥은 윤한덕에게 말했다.

"은퇴할 때까지 해라. 응급의료 분야에서 최대한 역할을 해봐라. 그게 바로 애국이다. 응급의료와 관련한 우리의 소프트웨어가 전 세계로 퍼진다면, 다른 나라에서 우리를 벤치마킹할 것이다. 너무 힘드니까 나간다는 말 이해한다. 일말의 책임감, 과로한 것을 알면서도 윤한덕, 이 사람이 아니면 대한민국 응급의료는 안 된다. 윤한덕이 없으면 국가적으로 너무 큰 손실이다. 내가 도울 수 있는 일은 뭐든 한다. 무슨 일이 있더라도 잡을 수밖에 없다. 당신 아니면 안 된다. 후배 양성 잘해서 그들이 준비됐을 때는 오케이 한다. 그때 그만 둬라!"

안명옥은 윤한덕을 맑고 깨끗하고 소명감을 갖춘 대한민국 영웅으로 기억했다. 자신의 목숨 보다 지켜야 할 가치를 더 중요하게 생각했던 인물이라고 평가했다.

윤한덕은 사표를 낸 뒤 긴장이 풀려서인지 힘들었던 몸이 그대로 위궤양으로 찾아왔다.

한덕은 직원들의 요청, 원장의 간절한 부탁 등을 외면할 수는 없었다. 다시 복귀하는 방향으로 마음을 바꾸었다.

복귀에 앞서 한덕은 스스로 마음을 다졌다. 조직을 이끌 리더로서 직원들에게 새로운 변화를 주고, 강한 모습을 보이되 인간적인 모습으로 다가가고 싶었다. 2016년 3월 9일 손으로 직접 쓴 메모가 이를 보여준다.

> 직원들의 일하는 동기가 중요하다. 중앙센터는 재정적 이윤을 추구하는 조직이 아니므로, 돈을 벌면 내가 윤택해질 것이라는 동기가 없다. 다른 동기, 즉 존경받는 조직의 일원이라는 동기도 없다. 직원들은 변화의 아이콘으로 윤한덕을 간주한다. 즉, 조직 충성도보다는 윤한덕이라는 '사명적', '이상적' 존재에 대해 기대한다. 막연하지만 뭔가 변화를 줄 것이라는 기대…….
> 그래서 중요하다. '미래지향적 강한 리더', 또 하나 '강한 남자'라는 이미지와 약속. 그래서 내 본 모습이 아니더라도, 내가 힘들더라도 노력해야 한다. 모든 경우를 계기로 내 이미지메이킹을 하여야 한다.
> 선동적, 파격적, 미래지향적이면서도 변하지 않는 일관성이 내 이미지이다. 직원들과 직접 접촉하고, 특별히 여긴다는 인식을 준다.
> 남자들에게는 차갑고, 이성적이면서 인간적이어야 한다. 여자들에게는 '이상적인 남자 직장상사'가 되어야 한다.

중앙응급의료센터 팀장이었던 강홍성은 2016년 3월 10일 이메일로 직원 채용과 관련해 윤한덕에게 보고하며, 빠른 복귀를 희망했다.

센터장님.
건강하게 잘 지내고 계시는지요?
센터는 무리 없이 운영되고 있습니다. 다만, 센터장님 부재로 인한 직원들의 불안감 등이 점차 고조되고 있으므로 복귀하셔서 안정될 수 있도록 신경 써 주셨으면 합니다.
오늘이 재난전담인력 서류전형 발표일입니다.
…(중략)…

한덕은 사표 제출 후 일주일 뒤 다시 일상으로 돌아왔다.

메르스 사태 이후 응급실 등에 예산이 더 많이 투입되고 감염 수가도 올라갔다. 정부는 메르스 사태를 겪으면서 응급실이 감염의 근원지가 될 수 있다는 것을 알았다. 어떻게 보면 중증과 경증의 뒤섞인 혼잡한 응급실로 인해 메르스 사태가 더 커졌지만, 일단은 이 일을 계기로 응급실에 정부 예산이 더 투입됐다.

민건이 사건

26개월 사내아이 사망

2016년 9월 30일 오후 5시 전북 전주시 한 횡단보도 앞. 신호 대기 중이던 대형견인차가 후진하기 시작했다. 견인차 뒤에는 26개월 된 사내아이와 그의 할머니, 사내아이의 누나가 함께 횡단보도 쪽으로 걸어가고 있었다. 이들은 뒤에서 미끄러지듯이 내려오는 대형견인차를 볼 수 없었다. 신호등이 파란불로 바뀌기만을 기다리며 신호등 쪽만 바라보고 있었다.

견인차 운전자는 차량 뒤쪽에 사람이 있다는 걸 전혀 알지 못하고 그대로 후진하며 횡단보도 쪽을 향해 다가갔다. 그리고는 운전자는 무언가 부딪히는 충격을 느꼈다. 그러나 이미 때는 늦었다는 것을 알았다. 묵직한 차량은 아이의 왼쪽 발목과 골반 위를 그대로 밟고 지나갔고, 할머니의 몸을 짓뭉갰다.

신고를 받고 출동한 119 구급대는 경광등을 울리며 전북대병원으로 세 명의 환자를 태우고 급히 들어갔다. 사내아이의 혈압은 낮았고 맥박수는 빠르게 뛰고 있었다. 레지던트와 간호사, PA Physician Assistant (진료보조인력) 몇 명은 혈압과 맥박을 측정하며 환자의 상태를 지켜보고 있었다.

응급조치는 하고 있었지만, 외과 전문의가 내려와 수술이든 전원이든 빠르게 결정해야 할 것 같았다. 한참을 기다렸지만, 어떤 결정도 내리지 않았다. 촌각을 다투는 상황에서 귀중한 30분이 훌쩍 지나버렸다. 잠시 후 전문 인력이 없어 수술이 어렵다며 다른 병원으로 옮겨야 할 것 같다는 상황만 전달했다. 외상을 담당하는 전문의가 병원에 없었던 것이다.

사내아이는 호흡이 가빠졌다. 의료진은 사내아이에게 중심 정맥 천자를 시도했다. 중심 정맥에 도관 catheter을 삽입하고 유지해 치료하려 했지만 실패했다.

동맥압 측정을 위한 a-line 삽입도 시도했다. 불안정한 환자의 상태를 계속 측정하기 위한 것이었다. 이마저도 되지 않았다.

그 사이 사내아이는 이승과 저승의 경계를 오갔다.

전남대병원 권역외상센터에 긴급하게 전화를 돌려 전원을 요청했지만, 발목 미세 수술이 어렵다고 했다. 다른 병원에 전원을 요청했지만 마찬가지였다.

전북대병원은 병원끼리의 전원요청은 한계에 이르렀다고 판단해 중앙응급의료센터에 있는 전원조정센터에 도움을 요청했다. 전원조정센터는 병원 간의 전원을 조정하는 역할을 맡았다. 백방으로 수소문한 끝에 아주대병원으로 옮기는 것으로 결정이 났다.

사건 발생 4시간이 지나면서 밤 9시 5분 사내아이에게 심정지 상황이 벌어졌다. 곧바로 심폐소생술을 실시해 간신히 목숨만은 건졌다.

실낱같은 희망을 안고 사내아이는 헬기로 아주대병원으로 옮겼지만, 또다시 심정지 상태가 찾아왔다. 하루에도 몇 번의 생사 위기를 넘겼다.

이 같은 상황을 반복하다 새벽 4시 45분 사내아이는 사망했다. 사내아이의 할머니도 제대로 치료하지 못하고 숨졌다. 이들의 사망원인은 외상을 담당하는 전문의가 없는 상태에서 수술이 제때 이루어지지 않은 것 때문으로 밝혀졌다. 병원이 서로 책임을 미루다 사내아이와 할머니가 숨진 것이다.* 사내아이의 이름은 민건이였다.

이 소식은 중앙응급의료센터에 곧바로 알려졌다. 사고 발생 보고를 받은 한덕은 보이는 서류 등을 마구 집어던졌다. 화를 잘 내지 않고 물건을 집어 던지는 성격이 아니었다. 그러나 그때는 달랐다. 분

---

* 2019년 1월 14일 JTBC는 민건이 할머니도 병원에 방치된 채 사망했다는 내부 관계자의 증언이 담긴 내용을 보도했다.

위기가 험악했고 극도로 흥분되어 있었다.

"이것 아무것도 아니라고 넘어갈 수 있어? 내가 국회에 이야기해 조용히 넘어갈 수 없게 할 거야! 반드시 문제 제기할 거야! 아이가 죽었는데……."

외과 전문의가 없어 제때 수술을 받지 못한, 살릴 수 있는 환자를 죽음으로 내몬 것이다. 전북의 응급의료체계를 무너뜨린 사건이었다. 학회, 복지부도 이 사건을 그냥 넘어가면 안 될 것 같았다. 학회가 병원을 감싸면 안 되고, 복지부도 처분을 약하게 하면 또 이런 사건이 재발할 수 있을 염려도 있었다. 국회도 적극적으로 나서 이 문제를 근원적으로 해결해야 할 상황이었다.

이 사건처리를 위해 중앙응급의료위원회 심의가 열렸다. 위원회는 전북대병원 권역응급의료센터와 전남대병원 권역외상센터는 지정을 취소했고, 을지대병원은 보조금을 삭감했다.

전원

민건이 사건은 권역외상센터를 다시 한번 돌아보는 계기였다. 외상센터와 응급센터가 외형적으로 봤을 때 형식은 갖춰져 있지만, 제대로 치료가 이뤄지지 않을 때도 있었다. 2011년도에 대구 장중첩 사건이 벌어진 이후 상당 시간이 흘러 외상센터나 응급센터가 많이 갖춰져 있는 상태였지만, 또다시 어이없는 사건이 발생한 것이다.

민건이와 할머니가 사망할 때까지 외상센터는 역할과 임무를 제대로 못 했다. 민건이와 할머니가 죽어가는데 병원에서는 누구도 책임지는 사람이 없었다.

 충분히 살릴 수도 있는 뼈아픈 사건이 또 발생한 셈이었다. 아이와 할머니가 제대로 치료받았다면 죽지 않았을 수도 있었다. 병원에서 아이를 제대로 돌보지 못한 것, 수술할 생각 없이 전원시킨 것 등이 문제였다.

 병원은 이 모든 것을 회피하느라 급급했다. 전원할 생각 때문에 골든타임을 놓쳐 응급처치와 수술도 이루어지지 않았다.

 당시 할머니 사망은 언론에도 부각 되지 않았다. 제대로 치료받았으면 그렇게 사망하지는 않았을 것이라고 당시 조사를 했던 한 위원은 전한다.

 이 위원은 민건이 사건을 이렇게 증언한다.

 "민건이와 할머니는 처치 받은 것은 별로 없고, 대량출혈로 인한 사망사고였다. 6~7시간 수술이 지연된 것은 의료사고라 할 수 있다. 그 자체도 조치 안 하면서 다른 병원으로 떠넘기는 것에 급급했으며 사고 이후 사실을 은폐했다. 사례조사위원회에 들어온 일부 의사들은 가해자들 감싸기에 급급했다. 응급실에 환자가 많아 죽은 것이지 병원이나 의사가 무슨 책임이냐, 는 이야기도 있었다. 병원이나 의사는 책임이 없다는 의미였다. 당시 위원들 사이에 고성이 오가며 격렬하게 권역외상센터의 문제점을 지적했다."

다른 위원은 이렇게 말했다.

"민건이 사건의 근본적인 책임은 전북대병원에 있었다. 사안의 심각성 때문에 전북대병원과 전남대병원이 함께 처벌받았다. 상대적으로 보면 전북대병원의 책임이 막중했다. 사례조사위원회를 했는데 상황을 정확하게 파악할 수 있는 자료도 제공하지 않았다. 위원회가 일종의 복지부의 면피용이었다. 들러리 선 셈이었다."

민건이 사건 이후 병원이 예전보다 신경을 쓰면서 전원은 줄어들었다. 중앙응급의료센터도 전원을 엄격하게 관리하는 계기가 됐다. 하지만 여전히 환자를 위한 제도적 문제는 이전과 크게 달라지지 않았다. '제2의 민건이 사건'이 언제, 어디서 일어날지 모른다는 것이다.

부산대 의대 교수 조석주는 민건이 사건을 교훈으로 삼아 백서를 발간하는 후속 조치를 마련할 필요가 있다고 말했다.

"민건이 사건은 지금도 현재진행형이다. 이를 방지하기 위해서는 모든 사람이 다 볼 수 있는 백서를 만들어, 재발하지 않도록 해야 한다. 그러나 정부가 백서를 만들지 않고 있어 문제다."

민건이 사건은 지금도 일어날 수 있고, 병원에서 똑같은 상황이 벌어질 수 있다. 의료지식이 부족한 환자와 보호자들은 병원의 핑계, 의사들의 자기방어를 전혀 알아차리지 못하는 일이 있어 일일이 잘 잘못을 파악하기가 쉽지 않다.

2017년 5월 27일 국회 입법조사관에게 보낸 이메일에 전원에 대한 윤한덕의 생각이 드러나 있다.

> 안녕하세요, 입법조사관님. 재난응급의료 상황실의 법제화에 관하여 의견 드리고자 메일을 올립니다.
> 붙임 문서는 2012년 이인기 의원님이 대표 발의한 119 구조구급법 개정안 통과에 따라, 응급의료정보센터의 상담업무가 이관된 후 보건복지부가 수탁 주체를 권역응급의료센터에서 중앙응급의료센터로 변경하였을 때 저희가 작성하여 보고한 운영계획서입니다.
> 5페이지에 업무개편 방안을 보시면 병원 간 응급환자 이송 관리는 그 당시 별도의 대책 마련이 필요한 업무로 정의되어 있습니다. 상담업무의 이관 이후 대민 상담 실적과 전원 실적은 줄어들었습니다. 저는 그 이유가 소방이 1339 폐지만을 원했기 때문이며, 국민과 환자의 입장에서 무엇을 할 것인가에 대한 고민이 없기 때문으로 생각합니다. 더불어 공무원 조직인 소방방재청이 민간인인 응급의료정보센터의 직원을 어떻게 다뤘는지 아신다면, 우리나라가 인권 국가인지 입법조사관님도 의심할 것으로 생각합니다.
> 제가 저희 직원들에게 늘상 하는 말이 있습니다. 세상의 일에는 '하고 싶은 일', '할 수 있는 일'과 '해야 할 일'이 있다는 것입니다. 저희는 세금과 다름없는 응급의료기금으로 급여를 받고 있으

니 당연히 우선순위는 '해야 할 일'입니다. 저희가 할 수 있는 것 보다 더 잘할 수 있는 조직이 있다면 저희는 그 조직이 할 수 있도록 '일'을 넘겨야 하는 것이 중앙응급의료센터라는 공공조직의 도덕성과 책임감이라는 것입니다. 저희가 하는 일이 응급환자의 생명과 건강에 직결되어 있으니 더욱 그렇습니다.

만약 소방조직이 그동안 응급환자의 전원에 책임감을 가지고 일을 했다면, 전원조정센터의 필요성이 제기될 이유가 없습니다. '전원' 업무가 일선에서 일하는 응급실 의료진에게 두 번째로 큰 어려움(1위는 응급실 폭력입니다.)이고, 한 번의 전원은 응급환자의 치료 개시 시간을 평균 2시간 지연시킵니다. 전원 개시 지연과 중복 전원이 현재 우리나라 응급의료의 가장 큰 문제점입니다. 누가 하느냐의 문제가 아니라, 문제를 얼마나 심각하게 인식하고 어떤 방법으로 해결하느냐의 문제라고 생각합니다.

현행 법률에는 '전원의 관리'에 대해 어디에도 명시되어 있지 않습니다. 저희가 재난응급의료 상황실의 업무에 전원을 명시해 달라고 요청하는 것은 현장에서 환자의 문제를 해결할 창구 기능을 하나 더 열어달라는 뜻이며, 배타적으로 전원조정업무를 독점하겠다는 뜻이 아닌데, 거기에 대해 국민안전처가 이의를 제기하는 것은 조직 논리에 앞서 인간으로서의 도덕성의 문제입니다. 만약, 제 가족이 아파 전원을 해야 할 때도 국민안전처 공무원이 똑같은 주장을 할 수 있을까요?

전원 조정만으로 우리나라의 문제점이 해결되지 않습니다. 응급의료기관 간 역할 분장, 부족한 자원을 효과적으로 활용할 네트워크 구축, 정보와 의사소통이 있어야 합니다. 그 수단이 모두 보건복지부에 있는데 전원관리만 따로 국민안전처로 간다면 현재 겪고 있는 병원 전 - 병원 단절에 더해 또 하나의 고질적 병폐가 생길 거라고 확신합니다.

저는 국회가 입법, 재정, 정부 감시를 통해 국민의 편익을 대표하는 곳으로 알고 있습니다. 입법조사관님께서 바른 판단을 하시는 데 필요하다면 언제든 전화 주시고, 불러주시면 제 짧은 식견 피력하겠습니다.

민건이 사건 이후 전원의 중요성이 커졌지만, 그보다 그 근원을 없애는 것이 중요하다. 환자를 제대로 분류하고, 그 환자를 적합한 병원에 보내면 전원도 필요하지 않게 된다.

전원 환자는 평균 2시간 치료가 지연돼 사망률이 3배 가까이 높다. 또 응급환자 전원 비율이 외국의 4~8퍼센트에 비해 우리나라는 2배 이상 높은 10~15퍼센트다.* 환자를 분류하는 트리아지 triage가 제대로 작동했다면 민건이 사건 같은 일은 벌어지지 않았을 수도 있었다.

환자의 신고를 받고 출동한 응급구조사는 '먼저 옮길 병원의 응급진료 역량은 되는가? ⇒ 그렇다면 수술 역량은? ⇒ 수술 역량이 되더라도 중환자실이 없으면?' 이 모든 것을 고려한 초동 환자 분류를 중요하게 생각해야 한다. 사전에 병원에 연락하고 수술할 상황이 되지 않으면 다른 병원으로 후송하는 것이 환자를 살릴 수 있는 최우선 조치인 것이다.

---

* 윤한덕, 「응급의료기관 간 단계별 역할 및 기능 정립」, 정책동향, 9권 4호, 2015.

제10장

응급의료만 생각

환자 중심의
체계

윤한덕에게 환자는 최우선이었고, 의료의 중심이었다. 환자를 항상 우선순위에 두고 일을 추진해왔다. 응급의료나 제도 정책을 설계할 때 환자의 편에 섰다. 환자의 입장을 우선 고려했고, 환자 단체의 역할이 중요하다고 생각했다. 얼굴도 안 본 환자 관련 시민단체 대표가 보낸 이메일에 답장한 내용을 보면, 그의 환자에 대한 애정이 얼마나 큰지 알 수 있다.

한국환자단체연합회 대표 안기종은 윤한덕을 비롯한 많은 사람에게 2012년 7월 6일 이메일을 보냈다. 환자에 관한 관심을 촉구하는 내용이다.

> 오늘 제1회 '환자 Shouting 카페' 영상을 공식 홈페이지(www.shoutingcafe.kr)를 통해 오픈했다는 보도자료를 배포했습니다.

많은 사람이 환자들의 이야기를 듣고 반응해서 사회적 관심을 받았으면 좋겠습니다.
특히, 첫 번째 영상인 '항암제가 바뀌어 사망한 9살 종현이 어머님' 샤우팅은 환자안전법(일명 종현이법) 제정 운동의 불씨가 되기에 충분하다고 생각됩니다.
한번 보시고 주위에 많이 퍼뜨려 주십시오.

한덕은 다음 날 바로 답장을 보냈다. 답장에는 환자에 대한 고민이 묻어 있다.

메일을 보낸 이유는 응급실과 구급차에서 피해를 당한 환자분 또는 유가족의 사례를 알 수 있는가 하는 것입니다.
저는 보건복지부의 응급의료정책을 지원하는 역할을 하고 있는 바, 응급의료의 특성상 환자 측의 소리를 듣는 것이 참 어렵습니다.
만약 피해사례를 알 수 있다면, 정책 수립에 있어 제 견해를 주장할 때 큰 도움이 될 수 있겠습니다.
저는 의사이고 응급의학 전문의이지만 의료는 환자를 위해 존재한다는 믿음을 가지고 있습니다.
제가 소속한 국립중앙의료원 홈페이지는 www.nmc.or.kr이고 그 중 중앙응급의료센터의 홈페이지는 www.nemc.or.kr입니다.
저희 센터가 가진 가장 깊은 가치는 사람에 대한 사랑입니다.

안기종의 눈에는 지금까지 봤던 의사와 한덕은 완전히 달랐다. 한덕은 실용적이었고 오로지 환자만을 생각하는 의사였다. 지금껏 의사 중심으로 맞춰졌던 의료를 환자 중심으로 바꾸는 것 같았다. 중요한 결정사항에는 환자 단체 추천위원을 반드시 넣었다. 회의에 환자 단체의 의견을 충분히 반영하고 현장의 목소리를 많이 들었다.

한덕의 환자 사랑은 사소한 부분에서도 나타난다. 드론을 사용해 의료기구 의약품을 나르거나, 인명구조를 하거나, 의료행위를 하려는 것에 관한 그의 생각은 환자 위주였다. 의학에 과학기술을 접목하는 것은 좋지만 환자에게 어떤 조그만 위험이라도 있을 수 있는 사업이면 원하지 않았다. 일반 의료에서 어느 정도 안정성이 확보되고 난 뒤 응급환자에게 적용해야 한다고 생각했다. 기구를 사용하기에 앞서 환자 입장을 먼저 고려한 뒤 정책이나 사업을 벌였다.

친구들과 대화에서도 환자를 위한 마음이 드러난다. 한덕은 대학 동아리 동기인 김상석, 김재훈과 술을 한잔하면서 환자에 대해 의사들의 자세를 말했다.

김상석은 전남대 의대를 나온 뒤 서울에서 외과 레지던트 과정을 밟았다. 김상석은 레지던트 때 가톨릭 서울 성모, 의정부 성모, 부천 성모, 대전 성모 등 7개 병원을 순환하며 수련했다.

제일 환자가 많았던 곳은 의정부였다. 혼자 입원환자 90여 명을 하루에 본 적이 있다. 레지던트 1년 차 때 매일 15명을 입·퇴원시켰다. 이외에도 응급실과 중환자실을 수시로 오갔다. 응급실에서 전화가 왔을 때 외과 의사들이 지금 내려가야 할지 조금 있다 내려가야 할지 판단했다. 급하면 "알았어!" 하고 빨리 가고, 덜 급하면 다른 일을 하다가 응급실 근처로 갔다.

김상석의 응급환자 판단은 이런 식이다.

"응급실에 온 환자는 무조건 응급으로 생각하지만, 외과 의사의 관점에서 응급을 판단한다. 응급환자가 정말 아니라고 판단하면, 늦게 내려간다. 왜냐하면, 시급히 처리해야 할 다른 일들도 많기 때문이다."

그러나 한덕은 응급실 백업을 하는 다른 과가 신속하게 움직여주기를 바랐다.

한덕은 김상석에게 말했다.

"응급실에 오는 환자는 무조건 응급환자다. 응급실은 전쟁터고, 아수라장이다. 응급인지 아닌지 보고 판단해라. 아니면 보내라. 잠깐 와서 빨리 정리해주는 것이 좋지 않겠냐?"

김상석은 대답했다.

"응급실에서 전화 오면 우리가 상황에 따라 판단한다. 우선순위 있는 환자를 먼저 봐야 한다."

상석은 응급실에서 일률적으로 판단하면 안 된다고 한덕에게 말했다. 그러나 한덕은 다른 과의 전문의들이 신속하게 내려와 환자의 응급 여부를 판단하고 적절한 조치를 해주기를 바랐다. 그래야 응급실이 정리된다고 생각했다. 모든 것을 환자 관점에서 판단했다.

한덕은 전쟁과 같은 대형재난이 발생했을 때 취해야 할 조치에 대한 다양한 상상도 마다하지 않았다. 응급상황과 관련된 일이면, 그 어떤 변수와 가능성도 예상하며 만일의 사태에 대비할 태세를 갖추고 있었다.

'전쟁이 나면, 지금의 중앙응급의료센터가 응급의료 컨트롤 타워 역할을 잘 수행할 수 있을까? 국민 모두를 돌볼 수 있을까?'

대형재난 상황에 대비한 시뮬레이션을 통해 그러한 상황을 가정하고 예측했다. 그에 따른 구체적인 밑그림도 그렸다.

'인구가 몇 명인데, 수용 가능한 병상은 어느 정도인가?'

실례로 메르스로 인해 환자가 급격히 확산해 병실이 가득 찼을 때 어떤 대책을 세워야 할지도 분석했다. 국립중앙의료원 원장 안명옥은 환자가 늘어날 때 어떻게 병실을 확보해야 하는지 윤한덕에게 물었다.

"메르스가 더 퍼져 국립중앙의료원의 병실이 다 차면 어디로 가야 하나?"

"상암동으로 가야 할 수도 있습니다."

한덕은 워낙 실무경험이 많아 며칠이 필요하니 언제부터 무엇을 하면 된다고 자동응답기처럼 곧바로 대답했다. 그 대답을 할 수 있는 사람은 평소 고민을 많이 한 사람만이 가능하다. 그는 다양한 가능성에 대한 예측과 고민을 평소 많이 한 후 말과 행동이 나왔다. 항상 여러 가능성을 생각하고 있었고, 그래야 사전대비가 가능하다는 것을 잘 알고 있었다.

윤한덕은 중앙응급의료센터에 있었던 지난 17년 동안 환자를 위한 응급의료의 발전만을 생각했다. 자존심을 내세우지 않고 본인의 이득도 탐하지 않았다. 아무런 사심이 없었다.

선진 응급의료체계 구축 목표만을 위해 자존심도 죽이며 버텨냈다. 기분이 상할 때도 있었지만 목표달성이 우선이었다. 온갖 비난과 죽일 놈이라고 험담을 들어도 상관없었다. 그것이 환자를 위한 일이라면, 그 정도의 모욕도 개의치 않았다.

앞만 보고 달렸다. 인턴 때부터 25년 이상 응급의료의 발전을 위해 부지런히 뛰었다. 환자 한 명이라도 더 살리기 위해 자신의 수고는 당연하다고 생각했다.

한덕은 응급의료만을 생각하다 보니 외모를 꾸미는 것에는 신경 쓸 겨를이 없었다. 머리는 항상 부스스했고 머리카락은 붕 떠 있는 '까치머리' 상태로 가끔 있었다. 고민의 흔적, 머리를 쥐어뜯는 것이 그대로 보였다. 외모를 꾸미는 일에 치중하지 않고 그 시간에 일했다.

직원들은 놀라웠다. '사람이 저 정도까지 일할 수 있구나!'

이상할 정도로 일에 집착했다.

이상주의자

한덕의 응급의료 발전을 위한 노력을 지켜본 전남대 의대 교수 허탁은 말했다.

"너와 같이 국가를 위해서 일하는 사람은 현실에서 한 발자국만 나아갈 생각을 해야 한다. 두 발자국 이후는 나 같은 학자가 제시해야지!"

그랬다.

허탁이 말한 것처럼, 한 발짝만 내디디면서 서서히 준비하는 것이 옳았을 수도 있다. 그러나 한덕은 현실과 타협하지 않았다. 원칙이 아니면 그 어떤 타협도 하지 않았고 정면 돌파했다. 그 과정에서 깨어지고, 찢어지고, 피투성이가 되어갔다. '오직 응급의료'라는 이상을 바라보며, 그렇게 살았다.

한덕은 우리나라의 응급환자가 제대로 치료받도록 남들보다 두세 발자국 앞서며 정책을 준비한 이상주의자였다. 주위에서는 현실과 동떨어지는 정책을 만드는 것 아니냐는 비판도 거셌다. 그 말에도 한덕은 흔들리지 않았다. 아니, 더 나은 의료환경을 위해 자신의 의지를 굽히고 싶지 않았다.

한덕은 현실의 문제점에 대해 항상 비판적인 시각으로 바라봤다. 이를 개선하기 위해 어떤 것이 최선인가를 생각했고, 그 생각을 실현하기 위해 꾸준히 노력했다.

한덕은 혼자 일하는 것을 좋아한다. 어렸을 때부터 혼자 지낸 시간이 많았던 경험이 성인이 되어서도 자연스럽게 몸에 밴 것인지도 모르겠다. 혼자 있으면서 다양하게 상상한다. 남들이 생각하지 않는 방향으로 접근한다.

사물을 다양한 관점에서 바라봤다. 남들이 생각 안 했던 걸 불쑥 내밀 때 주위에서는 깜짝 놀랐다. 그림도 평범하게 그리는 것보다 삐딱하게 그렸다. 일하는 것도 대부분 기존 해왔던 방향으로만 일반적으로 가는데, 한덕은 남들이 생각하지 않는 방향으로 접근했다. 틀에 박힌 것이 아니라 창의성이 있는 머리가 좋았다.

한덕은 응급의료체계를 제대로 구축하고 싶었다. 돈이 있든 없든, 사회적 지위가 높든 낮든 관계없이 모든 사람이 동등하게 진료를 받아야 한다는 것이 소신이었다. 돈이 없어 혜택을 못 받는 것은 있을 수 없는 일이었다. 돈 없으면, 치료를 받고 나중에 국가가 지급하는 것이 의무라고 생각했다.

2014년 7월 30일 아주대 의과대학 인문사회의학교실 연구부교수인 허윤정에게 보낸 이메일에는 세계 최고의 응급의료체계의 이상적인 모델로 만들겠다는 윤한덕의 의지가 담겨 있다. 관련 일을 하면서 고민했던 흔적도 보인다. 허윤정에 대한 고마움을 잊지 않았다. 허윤정은 국회에 있으면서 응급의료 관련 일을 하면서 막힐 때마다 많은 도움을 주었기 때문이다.

(…상략…)

직원들에게 '우리가 세계 최고의 응급의료체계를 갖출 수 있어'라고 말하면 직원들은 센터장이 하는 말이라 반박하지는 못하고 고개를 돌리고 웃습니다. 그 냉소적인 반응을 가장 먼저 바꾸고 싶습니다.

여러 선생님이 외국에 다녀와서 일본은 어떻고, 미국은 어떻고 하시며 우리는 미개하다고 말씀들 하십니다. 제가 알기로, 소위 '선진국'들이 부분적인 강점은 가지고 있지만, 미국의 응급의료는 의료의 상업화로 망해가기 직전이고, 일본은 국가 차원의 지표 측정마저 되지 않는 나라입니다. 어느 나라든 응급환자에게 제대로 의료를 제공하는 데는 한계가 있는 것 같습니다. 우리 센터를 방문했던 말레이지아, 필리핀, 중국 공무원들은 우리나라 응급의료를 이상적인 시스템으로 여기고 있습니다.

윤한덕이라는 수준의 사람이 우리나라 응급의료의 최고 전문가 소리를 듣는 현실은 분명히 문제가 있습니다. 가끔 혹시 내가 우리나라 응급의료의 발전에 가장 큰 걸림돌이 아닌가 하는 생각에 빠져 잠을 이루지 못할 때가 있습니다. 확신이 서면 조심스럽게 물러날까 합니다. 제가 하는 일이 개인의 자아실현을 위해 희생하기에는 너무나 중요한 작업이므로, 최고의 전문가가 해야 마땅합니다.

카카오톡에 올려주신 글 보며 우습게도 아흔의 내 모습보다는 아흔이 되었을 때 요놈의 시스템이 어떤 모습일까가 먼저 떠올랐습니다. 그때는 어디에서 펀치기를 당해 머릿속에 피가 차오르고 있어도 안심하고 의식을 잃을 수 있을까요? 어쩌면 우리는 고속의 발전 속에서 아껴왔던 안전망 비용을 이번에 한꺼번에 지불하고 있을지도 모릅니다. 돈이 부족하니 목숨으로 지불해야 한다는 말이 잊혀지지 않습니다. 가까운 미래에는 암으로는 절대 죽을 수 없어 삐거덕거리는 몸을 가지고 목숨을 연명해야 하니, 차라리 응급환자로 죽는 게 행복할 수 있다는 농담도, 그 말뜻에 열악한 시스템에 대한 비꼬움이 포함되어 있는 것 같아 죄책감이 느껴집니다. 혹시 우리가, 아니 세상 모든 나라가 사람의 목숨을 지키는 비용을 너무 과소추정하고 있는 건 아닐까요? 안전망 전체가 왜곡되어 있는 건 아닐까요?

나중에 제가 어떤 일을 하든, 허윤정 님과 파트너가 되어 일했던 지금을 잊을 수 없을 겁니다. 인생의 목표가 뭐냐는 질문에 '할 말을 할 수 있는 것'이라던 대답 역시 잊지 않겠습니다. 멋진 꿈이 제게도 있습니다. 누구에게든 '이렇게 멍청하게 개처럼 일하는 것보다는, 차라리 놀면서 내게 온 환자 두어 명 살리는 게 더 낫겠다!'라고 말하며 과감하게 사표를 던지는 겁니다.

한덕은 중앙응급의료센터가 실수하면 그 피해가 국민에게 직접 가기 때문에 직원들이 항상 조심할 것을 당부했다.

"병원에서 실수하면 몇 명의 환자가 죽지만, 우리가 실수하면 몇백 명, 몇천 명의 국민이 죽을 수 있습니다."

이 같은 자세로 중앙응급의료센터의 직원들은 'for me, for us가 아닌, for people'이라는 사명감으로 응급의료 일을 하기를 바랐다. 중앙응급의료센터가 나를 위한, 우리를 위한 것이 아닌, 대한민국 모든 국민을 위한 조직이 되기를 희망했다.

그렇지만 나름대로 고민이 많았다. 응급의료 한쪽만 25년 이상 달려왔으니 편협한 생각만 하지는 않나, 스스로 반성했다.

내가 제대로 산 것인가……?

내가 잘못하는 것 아닌가……?

이렇게 가야 하는 것 아닌가……?

스스로 묻고, 스스로 그 물음에 대해 답했다.

술을 마시면 가끔 외로워 보였다. 상의할 사람이 없었다.

복지부 공무원은 1~2년마다 업무가 바뀐다. 업무를 파악할 때쯤 되면 다른 부서로 옮긴다. 응급의료에 대한 이해와 깊이가 있을 수 없었다. 비슷한 정책을 또다시 설명하고, 계획을 짜고, 실행을 하는 일이 반복됐다. 그럴 때마다 매너리즘에 빠졌고 회의감이 들었다. 응급의료에 대한 전문성이 없는 복지부 공무원을 대하면서 모든 것을 혼자 짊어져야 할 현실이 부담스러웠다. 홀로 응급의료의 짐을 짊어지고 가야 하는 것이 너무 힘겨웠다.

그럴 때마다 사라지고 싶었다.

'지금까지 힘들게 일했다. 자신이 전적으로 책임지고 응급의료를 개선하려는 사람은 없었다. 왜 시스템을 나 혼자 책임져야 하나? 그러나 난, 최선을 다했기 때문에 후회하지는 않는다.'

응급의료와 관련된 일을 하고 싶지 않을 때도 있었다. 차라리 임상 의사로 돌아가 환자를 보며 지내고 싶은 마음이었다. 임상 의사는 '응급의료시스템 구축'이라는 무거운 짐을 지지 않아도 되기 때문이다.

마음이 답답하고 심란하면 사표를 내고 싶은 유혹에 빠졌다. 뜻대로 응급의료 발전이 이루어지지 않다는 생각이 들면 현실을 피하고 싶은 마음이 앞섰다. 그러나 결국은 돌아왔다. 천상 응급의료 외에는 다른 걸 하고 싶은 것이 없었다.

가끔 아내를 비롯한 주위 사람들에게 그만두고 싶다는 의견을 말했다. 일이 너무 힘들었고, 응급의료 관련 일을 하염없이 하지만 일은 끝이 없었고 오히려 더 늘어났다.

한덕은 응급의료체계가 안정적으로 구축되면 쉬고 싶었다. 그러나 그 끝은 도무지 어디인지 알 수 없었다.

직위

공명심功名心

윤한덕에게 '직위'는 어떤 의미였을까? 출세를 위한 발판이었을까, 아니면 자신이 그토록 바라던 응급의료의 완성을 위한 도구였을까? 그에게 출세는 관심이 없었다.

그렇다면, 한덕의 응급의료 발전을 위한 노력은 공명심이었을까?

고희은은 2008년 국립의료원 원무과 고객지원팀에서 근무했다. 보건복지부 공무원으로서 의료원에 파견근무하고 있었다. 고희은은 국가에서 지원해주는 영어 회화 수업을 한국외국어대에서 들을 기회가 있었다. 인사혁신처에서 공무원을 대상으로 하는 어학 수업이었다. 업무를 마친 뒤 밤 7시부터 10시 30분까지 수업을 듣는 것은 피곤한 일이었다.

어느 날 수업을 같이 듣고 있던 반 참석자들이 서로 자기소개를 하는 시간이 있었다. 그중 윤한덕은 자신을 이렇게 소개했다.

"저는 배우는 것을 무척 좋아합니다. 특히 어학 수업을 듣는 것은 제가 꼭 해야 할 일이고, 저에게는 중요한 일입니다. 저는 국립의료원 중앙응급의료센터 팀장입니다."

고희은은 반가웠다.

"어! 나하고 같은 곳에서 근무하네……."

국립의료원 동료 중 같이 수업받는 사람이 있어 좋았다. 소개를 안 했으면 서로를 잘 알지 못했을 것이다. 의료원은 직원이 700여 명 정도로, 일하는 분야가 다르면 서로를 알 수 없었다.

서로 자기소개를 한 뒤, 수업 이후 수강생들은 가끔 술 한잔을 하고 집으로 돌아갔다. 한덕은 수업 이후 술자리에는 참석하지 않고 바로 사라졌다.

고희은은 궁금했다.

'원래 어울리는 것을 좋아하지 않나?'

혼자 그렇게 생각했다.

나중에 알고 보니 어울려 술을 먹으면, 밀린 일을 할 수 없었기 때문에 수업만 듣고 일찍 간다는 것을 알게 됐다. 당시 상급자 중에 그런 사람이 없었다. 그것도 퇴근 이후에 수업을 듣고 또다시 사무실에 들러 일을 한다는 것은 상상할 수 없는 일이었다.

고희은은 공무원 생활이 지루하고 회의감마저 느끼고 있었는데 신선한 충격을 받았다. 20대였던 고희은에게 한덕은 너무 멋있게 보였다.

중앙응급의료센터 응급의료기획팀을 찾아갔다.

"안녕하세요, 팀장님. 같이 어학 수업을 듣고 있는 고희은입니다."

"네 안녕하세요."

한덕도 반가웠다.

동대문구에 있는 외국어대에서 만나는 것보다 같은 병원에서 아는 사람을 만나니 더 반가울 수밖에 없었다.

고희은은 무언가를 슬그머니 한덕에게 내밀었다.

"팀장님! 제가 요리는 잘은 못 하지만, 제 정성으로 만들었습니다."

쿠키였다.

이어서 부끄러운 듯 말했다.

"같이 일하고 싶어요."

"그래요? 저도 좋습니다."

한덕도 기뻤다. 열정이 있는 사람을 만나는 것이 즐거웠다.

고희은은 한덕으로부터 일을 배우면 자신에게도 도움이 많을 것으로 생각했다. 그렇게 일을 시작했다.

고희은은 중앙응급의료센터 내 살림을 맡았다. 그리고 한덕이 빌 표자료 초안을 주면 구현하고 수정했다. 밤낮 가리지 않고 일할 때가 많았다. 20대로 젊었으니까, 더 열심히 해야겠다는 생각이 강했다.

요령을 부릴 수 있는 상황도 아니었다. 한덕이 일을 다 꿰뚫어 보고 있었기 때문이다. 한덕도 솔선수범했다.

하지만 고희은은 이해 못 한 부분이 있었다. 집에도 들어가지 않고 일을 계속하고 있는 한덕이 이상하게 여겨졌다. 중앙응급의료센터를 본인 아니어도 끌고 나갈 수 있는 사람이 많을 것인데, 왜 집에도 들어가지 않지?

내가 아니면 안 된다, 는 그런 공명심 때문일까?

"팀장님이 공명심 때문에 저렇게 일을 열심히 하는 것 아니예요?"

고희은은 동료들 앞에서 윤한덕의 진정성을 의심하며 말했다. 고희은은 거침이 없었다. 화를 내거나 건방지게 하지는 않았지만, 우회적으로 한덕의 행동을 의심했다.

한덕은 그러한 비판 의견을 수용하고 좋아한다. 굉장히 스스럼없이 대했고 열린 마음의 소유자다. 직원들은 그런 한덕을 좋아했다. 고희은도 마찬가지다. 한덕은 사심 없는 사람, 일만 하는 사람, 자리를 탐하지 않는 사람이라는 것을 나중에 깨달았다.

고희은은 그때 잠시 오해한 걸 후회한다. 보통 사람처럼 공명심 때문에 그렇게 행동한 것 아니냐는 의심을, 잠시라도 품었던 게 진심으로 미안했다. 시간이 지나 한덕이 음지에서 묵묵히 일하는 것을 보니까 공명심이 아니라는 것을 깨달았다. 공명심이었다면 한덕은 이미 스포트라이트를 받았을 것이고 스타 의사로서 명성을 날렸을 것이다.

사후 한덕의 진심을 알았다. 다시 만난다면 미안하다고 말하고 싶다, 고 했다.

"센터장님! 다시 만난다면, 죄송하다고 말하고 싶어요. 시간이 지나니까 센터장님이 아니었으면, 응급의료의 발전은 못 했을 것이라는 생각이 들어요. 다시 만난다면, 그 이야기를 꼭 하고 싶어요. 죄송하다고…… 건방졌다고…… ."

보건복지부 응급의료과도 중앙응급의료센터에 많이 기댔다. 중앙응급의료센터는 묵묵히 지원했다.

한덕이 공명심으로 일을 했다면 자신을 앞세웠을 것이다. 그러나 한덕은 공명심을 내세우지 않았다.

한덕은 응급의료 분야에서 맡은 부분이 너무 많았다. 고희은을 만났을 때는 팀장이었지만 그가 나간 뒤 센터장으로 직급은 높아져 어깨가 더 무거웠다. 부담은 점점 커졌다.

공무원 신분 포기

보건복지부는 2010년부터 국립의료원을 공무원 조직에서 민간 특수법인화하기로 한다. 특수법인화가 되면 조직의 성격은 공공조직이지만 직원들의 신분은 민간인으로 전부 바뀌게 된다. 의료원이 법인화

되면 공무원 자리가 많이 생길 수 있었다. 복지부는 늘어난 정원 중 일부를 활용해 응급의료과를 신설할 계획이었다.

사실 복지부 내에서 응급의료는 관심 사안이 아니었고, 업무도 공공의료과 등에 소속되어 있는 한 명의 사무관이 13개 업무 중 하나로 처리할 정도로 소외되어 있었다. 공공의료과 업무는 범위가 너무 넓었고 일이 많았다. 응급의료도 그중 일부분에 불과할 뿐이었다.

하지만 국민소득이 늘어날수록 자가용이 많이 증가했고 이에 따른 교통사고 발생도 높았다. 외상을 포함한 응급의료에 대한 국민의 관심은 자연히 높을 수밖에 없었다. 시대적 흐름과 요구가 응급의료를 체계적으로 관리할 필요가 있었고, 복지부도 응급의료과를 만들어 2010년부터 운영할 상황에 이르게 만들었다.

국립의료원이 특수법인화되면서 의료원 소속이었던 중앙응급의료센터의 거취도 중요했다. 특수법인화를 할 것인가, 아니면 공무원 산하 특수조직으로 남을 것인가를 결정해야 한다. 당시 민영화가 유행이었다.

일부에서는 중앙응급의료센터를 공무원 조직으로 흡수하면 전문성을 잃는다고 생각했다. 공무원의 속성상 순환보직 체계라는 것이 전문성을 담보해 낼 수 없기 때문이다.

전문분야는 계속 키워줘야 하는데 우리나라 공무원 조직은 전문성이 없는 것이 단점이었다. 지속성이 있을 수 없었다. 독일 같은 나라는 기계 관련 공무원은 한곳에서만 20년 이상 근무하지만 우리는 그렇지 않았다. 한자리에 오래 있으면 부패할 수 있어 자주 자리를 바꾸는 바람에 순환보직이 보편화 됐기 때문이다. 한 분야에서 오래 일을 해야 전문가 소리를 듣는다. 단순한 행정 일이 아니라 응급의료 같은 일은 전문가가 필요했다.

전문성을 키우기 위해서는 특수법인이 나았지만, 대신 신분이 공무원에서 민간인으로 바뀌는 게 단점이었다. 민간조직으로 바뀌면 예산이나 정원 확보에도 어려움이 따를 수도 있었다. 권한은 없으면서 일만 늘어나는 것도 문제였다. 민간인으로 신분이 전환되니까 한덕보다 늦게 복지부에 들어온 사람의 지시를 받아야 하는 상황이 될 수 있었다. 법인으로 가면 신분의 변동으로 인한 여러 손해를 감수해야만 할 상황이었다.

당시 여러 조건과 상황을 봤을 때 한덕의 처지에서 공무원이 민간인보다 백배 나았다. 비록 응급의료 관련 일은 평생 할 수는 없다고 하더라도. 더욱이 복지부 내에 응급의료과가 생기면 한덕은 초대 과장이 될 가능성이 가장 컸다. 복지부 서기관으로 오래 있었고 응급의료 일을 도맡아 누구보다 관련 일을 많이 알고 있었으니까.

한덕은 고민했다. 안정적인 공무원으로 남을 것인가, 민간인의 신분이더라도 전문성을 살리기 위해 특수법인으로 갈 것인가?

주위에서는 모두 한덕에게 복지부 과장으로 갈 것을 권유했다. 실행부서는 일만 계속하고 고생은 고생대로 하기 때문이다. 정책부서가 다 일한 것처럼 보이지만, 실제로는 정부산하기관에서 일을 도맡아 하는 경우가 많았다.

정부 부처는 큰 틀의 정책을 마련하고 이를 뒷받침하는 예산을 확보해 집행하는 기능이 있다. 그 이면에는 실행부서의 보이지 않는 노력이 뒷받침되어야만 유지할 수 있었다. 행정조직과 산하기관의 관계가 대체로 그렇게 움직였다.

그러나 한덕은 기득권을 생각하지 않기로 하고 민영 법인에 남는 것으로 결정했다. 응급의료체계 구축을 위해서는 순환 보직하지 않고 계속 응급의료 일만을 할 수 있는 민간 조직이 나을 것 같았다.

그 이유는 첫째, 공무원 조직에 있으면 응급의료체계를 제대로 구축하기가 쉽지 않을 것 같았다. 공무원 조직으로 가면 응급의료만 하는 것이 아니라 다른 형태로 바뀔 수도 있다는 것을 우려했다.

둘째, 직원들의 거취에 대한 고민이 있었다. 공무원 조직으로 남으면 모든 직원은 뿔뿔이 흩어져야 할 상황이다. 원래 공무원 신분이었던 직원들은 원하기만 하면 공무원 조직으로 돌아가면 되지만, 계약직들은 나가야 한다. 일부가 구조 조정될 우려가 있었다. 그렇게 되면 직원들의 그동안 쌓았던 노하우, 열정이 없어질 수도 있다는 것을 염려했다.

민간 조직으로 남아야, 연구원과 비정규직 연구직 직원을 그대로 끌고 갈 수 있었다. 지금까지 직원들과 함께 일했던 팀워크를 고려한 조치였다. 젊은 사람들과 함께 아직 완성하지 못한 응급의료체계를 구축할 필요가 있었다. 사람을 그대로 끌고가면서 업무 추진의 동력을 얻기 위해 민간에 남기로 했다.

한덕은 편안하고 안정적인 직업인 공무원 자리를 버리고 민간 조직에 남아 응급의료를 계속하기로 한다. 공무원으로 간다면 연금이나 복지 등에서 민영화 기관보다 훨씬 혜택이 많았지만 스스로 그 달콤한 조건을 모두 내려놓았다.

한덕은 2010년 3월 20일 허윤정에게 보낸 이메일에 그의 심정을 밝혔다.

> 저는 법인으로 가기로 하였습니다.
> 눈앞의 떡 때문에 고심 많이 하였습니다만, $1+1=1.5$가 되는 선택을 할 수는 없었습니다.
> 천상 응급의료 말고는 하고 싶은 게 없나 봅니다.

한덕은 민간인 특수법인에 남는 것으로 결정한 뒤 직원들에게 그 이유를 설명했다.

"내가 지금 가면 처음 몇 년은 응급의료를 위해 일할 수 있습니다. 그러나 2~3년 뒤면 순환보직 때문에 다른 과로 옮길 것입니다. 그래서 난, 안 가기로 했습니다. 응급의료를 계속할 작정입니다."

법인화가 되면서 남아 있는 직원 중에 민간계약직 빼고는 전부 공무원을 선택했다. 의무사무관으로 있던 한 명도 다른 병원으로 옮겼다. 한덕만 공무원 신분을 포기하고 민간인으로 남았다. 자신까지 가면 중앙응급의료센터의 의미가 없어진다고 생각했다.

법인화가 되면서 환경이 많이 바뀌었다. 공무원 시절 때는 예산도 많았는데 법인이 되면서 과도기를 맞았다. 행정 업무는 늘어났다. 3개월 동안 직원들의 월급도 나오지 않았다. 급여 미지급으로 인한 사기 저하로 일부 또는 전체 사직이 우려됐다.

20명 중 절반이 공무원으로 자리를 옮겼고, 10명 중 4명은 그만둬 6명으로 법인이 시작됐다.

중앙응급의료센터장 승진

2012년 7월 7일 윤한덕은 팀장에서 센터장으로 승진했다. 한덕은 승진에 대한 그의 감회를 적은 이메일을 허윤정에게 보냈다.

> 오늘 제가 팀장 딱지를 떼고 '센터장'이 되었습니다. 윤 센터장…… 이라는 어색한 호칭으로 불리게 되었습니다.
> 승진 인사차 원장님께 갔더니, 윤여규 원장님이 제게 이런 당부를 하셨습니다.
> 1. 스타가 되어라. 국립중앙의료원에서 공공의료를 하는 의사의 랜드마크가 되어라.

2. 50까지는 그냥 열심히 일해라. 돈도 밝히지 말고, 다른 사람의 비판도 겸허하게 수용해라. 그러면 50 넘으면 자연스럽게 돈과 명성이 따른다.

승진을 시켜줘서가 아니라, 인생 후배로서 참으로 참고할 말씀이십니다. 다만 당부 중 1번은 좀 심사숙고하여야겠습니다. 생각해 보면 항상 임상에서 환자 보는데 골몰하던 제가 돈 같은 것 포기하고 여기에 있었던 이유는 제 이름을 날리고 싶어서가 아니라, 제가 생각했던 '아름다운 세상'의 하나를 구현하고 싶었던 것이고, 그래서 물밑을 맴돌았는데…….

…(중략)…

이제 '센터장'이 되었으니 보건복지부의 사무관이나 주무관, 아니면 야전의 응급의학 의사들이 저를 더 어려워할 텐데……. 출장도 함부로 다니기 어려운 처지가 되었습니다.

이순희 과장이 제게 했던 말이 기억납니다. 제가 응급의료를 더 하기 위해 공무원을 그만둔다고 했더니, 그분이 제게 '진짜 응급의료를 위하는 사람인지 의심스럽다.'라고 했습니다.

맞는 말씀이었습니다. 제가 공무원을 계속했다면, 지금 10년에 할 일을 그 권력으로 2년에 할 수 있었을 테니까요……. 제게 아마 조금…… 아주 조금 사심이 있었나 봅니다.

저는 보건복지부가 의료에 있어, 정당하고 '합리적'인 권력을 회복하는 데 도움을 주고자 합니다. 최소한 제가 일하는 영역에서는 그렇습니다.

이대로 십 년 후면 기획재정부를 삼성이 흔들고, 항공청을 대한항공이 흔들듯, 의료마저 몇몇 대형재단의 손아귀에 들어가고 보건복지부가 그들의 눈치를 보며 의료행정을 할 게 분명합니다.

그게 약오르기도 하지만, 무엇보다 기업은 국민의 건강에 책임을
지지 않는다는 근본적 당위성 때문에 제가 오히려 더 상업병원을
괴롭히고 싶은지도 모르겠습니다.
술이 좀 오른 덕에 잡설이 길었습니다. 행복한 밤 되십시오. 요즘
친구가 없네요.

한덕은 자리에 연연하지 않았다. 공무원으로 남아 복지부 과장으로 갈 기회도 스스로 던졌다.

공무원으로서 과장은 사회적으로 막강한 영향력을 행사할 수 있는 자리다. 중요정책을 결정하고 집행할 수 있는 실질적인 핵심 관리자다. 정책 결정은 과장의 손에서 많이 이루어진다. 과장 직급은 보건복지부에서는 고참 서기관(4급), 또는 부이사관(3급)급에서 많이 차지한다. 공무원 조직에서 실무적으로 결정 권한이 막강한 자리다. 그 모든 달콤한 유혹을 뿌리치고 응급의료를 위해 민간인으로 남았다.

공무원의 신분을 스스로 던진 것도 그렇지만, 승진도 썩 달갑지 않았다. '꼭 승진해야 하나?' 그렇게 생각했다. 승진하기 위해서는 필요한 자료를 제출해야 하는데, 자리에 관심이 없었고 승진에 대한 필요성도 느끼지 않았다. 의사 1급과 2급은 월급뿐 아니라 대우도 다르지만 크게 관심이 없었다. 2014년도 주위의 권유로 마지못해 자료를 제출해 1급으로 승진할 정도로 승진이나 신분 등에 무관심했다.

공무원 신분 포기, 승진에 대한 무관심을 비롯해 국립중앙의료원

내 기획조정실장과 본부장 자리 등도 여러 번 제안받았지만 모두 거절했다. 보통 사람들이 생각하는 것과 비교해 다른 부분이 많았다. 사람들은 보직에 대한 욕심이 대부분 있다. 그것이 곧 자신의 사회적 지위인 것이다. 그러나 한덕에게 그런 자리는 의미가 없었다. 중앙응급의료센터장의 자리도 스스로 내려놓으려 한 것이 여러 번이었다. 중앙응급의료센터장 자리를 내놓고 백의종군해 응급의료를 지키려 한 적도 있었다.

호사유피 虎死留皮
인사유명 人死留名

한덕은 돈에 대한 욕심이 없었다. 돈과 명예 둘 중 하나를 택하라고 하면 명예를 선택할 정도다.

의사 생활 25년을 했지만, 그의 집은 1억 원의 대출을 낀 낡은 전세가 전부다. 가족은 경기도 안양시의 지은 지 25년 된 31평 아파트에 살았다.

낡은 아파트에서 사는 아들에게 아버지 윤재태는 말했다.

"남들은 의사라고 해서 네가 집도 있고 엄청 부자로 잘사는 줄 아는데, 나는 니 자랑을 못 한다."

"아버지 돈이 좋습니까? 사람 많이 아는 것이 좋습니까? 제가 지금 서울 온 지 얼마 안 됐지만 많은 사람을 알고 있습니다."

"네가 사람 많이 아는 것도 좋지만 어느 정도 돈은 벌어 집도 살 수 있을 정도가 되고, 네 일을 하는 것이 낫지 않냐?"

"저는 지금 돈이 중요하지 않아요. 돈을 떠나서 제 이름을 걸고 하고 싶은 일을 할 겁니다."

"나는 어디에서 자랑도 못 한다. 어딜 가서 아들이 의사라고……, 조그만 집 하나도 없이 전세로 살고 있어 자랑도 못 한다."

중앙응급의료센터에 들어오기 전 언젠가는 아버지가 "내가 알아보니까 전남대병원 월급이 적다고 하더라. 개인병원으로 가라. 당시 개인병원은 1,000만 원도 준다고 그러던디……."라고 하면서 개인병원으로 가기를 바랐다.

"아버지, 저는 세상을 그렇게 살고 싶지 않아요. 돈보다는 제가 다른 사람을 도울 수 있는 부분이 있으면 도우면서 살고 싶어요. 저는 돈이 최고가 아니에요. 그렇게만 알고 계세요."

한덕의 큰누나 윤미향은 아버지와 한덕의 전세금과 관련해 이야기했다.

"한덕이 집, 이번에 전세금을 올려달라고 한단다."

"집이 전세예요?"

윤미향은 동생이 전세에서 사는 것을 몰랐다.

"아, 전세라 안 그라냐. 형찬이네가 큰일이다."

윤미향은 동생이 전세로 사는 것이 안타까웠다.

아내 민영주도 마음을 비우고 살았다. 운명이라고 생각하고 마음을 비우고 살며 전세로 버텼다.

한덕은 나이 50이 넘으면서 집이 없어 가장으로서 가족에게 미안했다. 2년에 한 번씩 재계약을 했고 전세금은 계속 올랐다. 2018년에 전세금 8,000만 원이 또 올라 1억 원을 대출받았다.

한덕은 장남 형찬과 둘째 아들 형우에게 "호랑이는 죽어서 가죽을 남기고 사람은 이름을 남긴다."라는 말을 자주 했다. 형우는 이 말을 듣고 자연스럽게 아버지처럼 의미 있는 일을 하면서 살아야겠다는 꿈을 가졌다. 형우는 아버지처럼 의사가 되는 것을 목표로 정했다.
"뭐하러 가죽을 남겨요."
아버지 윤한덕이 이 말을 했을 때 형우가 농담했다.
"네가 커봐야 알아!"
한덕도 형우와 장단을 맞췄다.

중앙응급의료센터는 의사들이 선호하지 않는 자리다. 월급은 적고 일은 많기 때문이다. 국립중앙의료원에서 받는 월급은 대학교수가 받는 금액의 절반 정도에 불과하다. 주위에서는 한덕을 보며 어떻게 저렇게까지 할 수 있나? 이해되지 않았다. 의사로서 저렇게 행동하는 이유를 알 수 없었다.
하지만 그가 중앙응급의료센터에 남아 있었던 것은 응급의료를 세계 최고 수준으로 끌어올리겠다는 의지 때문이었다. 돈과 지위보다도 응급의료의 발전을 위한 하나하나의 성취감이 오히려 한덕을 여기까지 이끌어 왔다.

윤한덕은 응급의료 분야에서는 최고 전문가였다. 보건복지부 관료들은 자주 바뀌었지만, 그는 변함이 없었다. 응급의료에서 한덕의 수준만큼 도달한 사람은 없었다. 국립중앙의료원 소속인 중앙응급의료센터에 있으면서도 한자리에 그대로 앉아 응급의료시스템 개선을 위해 밤을 새웠다. 그 배경에는 '응급의료 발전'이라는 사명감과 그에 따른 자부심 때문이었다.

한덕은 중앙응급의료센터에 있으면서 6명의 원장을 상사로 모셨다. 어떤 의료원장은 사적으로 센터에 영향을 미치려고 했다. 또 다른 원장은 혹시 공정하지 않은 것 아니냐며 중앙응급의료센터를 의심했다. 그것이 가장 힘들었다. 상사가 중앙응급의료센터와 자기를 의심한다는 건 제일 견디기 힘든 일이었다. 그동안 쌓아왔던 명예를 송두리째 흔드는 것이었다.

윤한덕은 청렴하고 공정했다. 오히려 지나칠 정도다. 예산도 허투루 쓰지 않고 아끼고 또 아꼈다. 법인카드조차도 전혀 쓰지 않았다.

그런데 센터와 한덕에게 문제가 있다는 이야기가 흘러나왔다. 중앙응급의료센터에서 사업 예산을 많이 늘려놓고 관리나 책임 소재를 다른 곳에 돌리려 한다는 이야기도 있었다. 중앙응급의료센터가 의료원 안에 있는 것이 맞는 것인지? 중앙응급센터의 역할은 무엇인지? 비난하는 목소리도 들렸다.

  한덕을 크게 좌절시키는 것이었다. 지금까지 응급의료체계의 제대로 된 구축으로 모든 응급환자를 잘 치료하게 만들겠다던 희망을 빼앗는 말이었다. 그동안 사심 없이 쌓아왔던 명예가 송두리째 흔들거렸다. 몸과 마음이 극도로 피폐해졌다.

  한덕은 중앙응급의료센터에 있고 싶지 않았다. 더 있으면 진짜 후회할 때 나갈 것 같았다. 당장 자리를 그만두고, 새벽 강에 나가 낚시를 하며 여유 있게 살고 싶었다.

  한덕은 힘들고 마음이 답답할 때 가끔 가수 정태춘의 노래 〈북한강에서〉를 불렀다.

  그가 가장 좋아하는 노래다. 노래 가사가 그의 마음을 표현해주는 것 같았다. 지방인 광주에서 서울로 올라와 겪었던 서울이라는 아주 낯선 이름과 텅빈 거리……. 아주 우울한 나날들이 우리 곁에 오래 머물 때, 우리 이젠 새벽강을 보러 떠나요…….

저 어둔 밤하늘에 가득 덮힌 먹구름이
밤새 당신 머리를 짓누르고 간 아침
나는 여기 멀리 해가 뜨는 새벽강에
홀로 나와 그 찬물에 얼굴을 씻고
서울이라는 아주 낯선 이름과
또 당신 이름과 그 텅빈 거리를 생각하오
강가에는 안개가 안개가 가득 피어나오

짙은 안개 속으로 새벽강은 흐르고
나는 그 강물에 여윈 내 손을 담그고
산과 산들이 얘기하는 나무와 새들이 얘기하는
그 신비한 소리를 들으려 했소
강물 속으론 또 강물이 흐르고
내 맘속엔 또 내가 서로 부딪치며 흘러가고
강가에는 안개가 안개가 또 가득 흘러가오

아주 우울한 나날들이 우리 곁에 오래 머물 때
우리 이젠 새벽강을 보러 떠나요
강으로 되돌아가듯 거슬러 올라가면
거기 처음처럼 신선한 새벽이 있소
흘러가도 또 오는 시간과
언제나 새로운 그 강물에 발을 담그면
강가에는 안개가 안개가 천천히 걷힐거요

흘러가도 또 오는 시간과
언제나 새로운 그 강물에 발을 담그면
강가에는 안개가 안개가 천천히 걷힐거요

제11장

헌신

사명

차명일은 중앙응급의료센터에서 해외재난 일을 맡았다. 아이의 엄마이자, 응급의학과 의사다.

2011년 겨울, 차명일은 숨쉬기가 곤란하고 가슴에 통증이 왔다. 의사로서 자신의 병이 기흉 증세와 비슷하다고 추측했다. 검사결과 역시 기흉이었다. 차명일은 기흉의 증세, 치료방법 등을 자세히 알고 있다. 기흉은 폐에 구멍이 뚫린 병이다. 치료방법은 산소를 투여하고 며칠 입원하면 낫는다.

그러나 차명일은 걱정했다. 다음날 인천에서 응급의료 훈련 행사가 있었기 때문이다. 자신이 설명도 하고 질의 및 답변도 해야 하는데 못하게 될 것 같았다. 한덕에게 사정을 말하고 기흉으로 입원해야 할 것 같다고 이야기했다.

한덕은 다음날 행사 때 차명일이 지휘를 하며 역할을 해주기를 바랐다. 워낙 중요한 훈련이었고, 차명일이 아니면 그 일을 해낼 수 있는 사람이 없었기 때문이다. 그러나 어쩔 수 없었다.

차명일은 의사로서 열정도 있었고 일을 잘했다. 한덕은 '이 사람 일 잘해!' 이런 생각이 들면 계속 일을 주는 스타일이다. 일을 못 하면 아예 맡기지 않았다. 일을 못 하는 사람은 계속 놀고, 일을 잘하는 사람에게는 계속 일을 준 것이다. 한덕 본인이 솔선수범해 계속 일하니까 직원들은 비난도 못 했다.

차명일의 기흉은 사흘이 지나도 낫지 않았다. CT를 찍었는데 폐에 구멍이 더 크게 나 있었다. 간단하지만 수술해야 할 것 같았다. 기흉에 걸리면 비행기를 타면 위험하다. 차명일은 해외를 자주 다니며 비행기를 타야 하고, 기흉을 제대로 치료하지 않으면 위험할 수 있어 완전한 치료가 필요하다.

차명일이 기흉으로 입원하게 되면서 한덕은 중요한 일에 차질이 빚어질 것을 우려했다. 그때 차명일을 대신해 일해 줄 사람도 없었다. 일은 처리해야 했지만 차명일이 입원해 있어 한덕은 나중에 그 일을 모두 도맡아서 했다. 중요한 일이었기 때문이다. 복지부에는 차명일이 아프다는 핑계를 대고, 한덕이 그 일을 떠맡지 않고 아예 안 할 수도 있었다. 하지만, 사명감 때문에 그 일을 한 것이다.

차명일은 매일 8시 이전 집에서 나왔고 밤 11시 이전에는 집에 들어가지 못했다. 토요일에도 일이 밀려 출근했다. 엄마였지만, 아이들의 얼굴도 거의 못 봤다. 열정적으로 일을 했지만, 끝이 보이지 않았다. 조직도 점점 커졌다. 차명일은 더 이상 내가 있을 곳은 아니구나 생각하고 사표를 냈다. 워킹맘으로서 힘들었다.

중앙응급의료센터가 법인화가 되면서 일들이 더 폭주하기 시작했다. 차명일이 나간 뒤 한덕은 일의 무게가 더 늘어났다. 당시 같이 응급의료기획팀에서 일했던 김귀옥도 여러 일을 돌아가면서 했다. 홍보도 하고 행정 업무, 행사도 진행했다. 그야말로 하루하루 일이 끝나면, '파김치'가 될 정도였다. 한덕은 최고 관리자의 위치에 있었기 때문에 대충 일해도 됐지만 열정적이었다. 한 번 해야겠다고 생각하면 지체하지 않고 바로 추진했다. 일이 전부라고 생각하는 것 같았다.

김귀옥은 한덕에게 물었다.

"이렇게 일을 하면 버텨낼 수 있나요?"

김귀옥은 30대 중반이었지만 체력에 한계가 느껴졌다. 일이 너무 많아 지쳐갔다.

"귀옥 선생님도 힘들죠. 저도 힘들어요. 그런데 맨날 힘들지만은 않겠죠!"

김귀옥은 광범위하게 일을 처리했다. 일에서 펑크 나면 한덕은, 귀옥 선생님! 이것도 좀 해주세요, 그렇게 부탁했다. 김귀옥은 내 일이 아닌데, 내 전공도 아닌데, 자꾸 다른 사람을 대신해 일을 메꾸어야 하는 게 싫었을 수 있다. 그러나 묵묵히 해냈다.

한덕도 자신이 맡은 일이든, 남이 하다가 못할 사정이 생겨 남겨진 일이든, 도맡아 남들보다 더 열심히 일했다. 오히려 선·후배, 직장 동료들이 한덕에게 일 좀 그만하라고 했을 정도다. 누가 시켜서가 아니라 스스로 했다. 한덕은 일하면 완전히 몰입했다.

"우리나라 응급의료체계 혼자 다 짊어지고 가시려고 하세요?"

김귀옥은 너무 일만 하는 한덕을 걱정하며 말했다.

"좀 쉬시면서 하세요."

한덕은 김귀옥의 위하는 마음을 충분히 이해했다.

한덕은 잠시 머뭇거리다가 말했다.

"내가 할 수 있는 영역은 하려고 합니다. …… 나도 애들하고 놀고 싶고, 가족하고도 많이 있고 싶어요. 당장이라도 복지부에 다 보고해야 하는데, 내가 일을 안 하면 응급의료 발전이 하루하루 늦어지고 일이 더뎌집니다. 와이프에게도 이해를 구하고 참아달라고 이야기했습니다. 나도 일을 빨리 끝내고 싶어요…… ."

지독한 책임의식

다른 사람들은 한덕이 지나치게 열정적으로 일하는 것을 이해하지 못했다. 한덕은 그냥 월급만 받아도 된다. 굳이 응급의료시스템을 만든다고 고생하지 않고 그 일만 적당히 해도 월급이 나왔다. 일하는 대신에 의료원장 옆에서 아첨하면 직장 생활이 쉬웠을 것이다. 열심히 하는 척하면서 쉬엄쉬엄 일하며 적당히 살수도 있었다.

그러나 한덕은 한쪽 골방에서 밤이고 낮이고 일했다. 일신의 영달이나 부귀영화를 위해서 한 것이 아니다. 응급의료를 통해 불합리한 부분을 개선하고 싶었다. 응급환자들을 살리기 위해 하루 내내 일했다. 의사로서의 지독한 책임의식 때문이었다.

지금으로부터 2,500여 년 전, '의학의 아버지'라고 불렸던 고대 그리스의 의사 히포크라테스는 의사로서의 사명을 강조했다. 그의 뜻을 이어받아 오늘날의 상황에 맞게 수정해 만든 것이 1948년 스위스의 제네바 세계의학협회 총회에서 채택된 '제네바 선언문'이다. 우리나라에서 의과대학을 졸업할 때 쓰이는 선서문은 제네바 선언문[*]이다.

> 의업에 종사하는 일원으로서 인정받는 이 순간에,
> 나의 일생을 인류 봉사에 바칠 것을 엄숙히 서약한다.
> 나의 스승에게 마땅히 받아야 할 존경과 감사를 드리겠다.
> 나의 의술을 양심과 품위를 유지하면서 베풀겠다.
> 나는 환자의 건강을 가장 우선적으로 배려하겠다.
> 나는 환자에 관한 모든 비밀을 절대로 지키겠다.
> 나는 의업의 고귀한 전통과 명예를 유지하겠다.
> 나는 동료를 형제처럼 여기겠다.
> 나는 종교나 국적이나 인종이나 정치적 입장이나 사회적 신분을 초월하여 오직 환자에 대한 나의 의무를 다하겠다.
> 나는 생명이 수태된 순간부터 인간의 생명을 최대한 존중하겠다.
> 어떤 위협이 닥칠지라도 나의 의학 지식을 인륜에 어긋나게 쓰지 않겠다.
> 나는 아무 거리낌 없이 나의 명예를 걸고 위와 같이 서약한다.

히포크라테스 선서가 한덕의 어깨를 짓누르고 있었는지 모른다.

한덕은 오랜 기간 중앙응급의료센터에서 일해 응급의료정책의 발전과정을 누구보다 잘 알고 있다. 공무원들은 1~2년이 지나면 대부

---

[*] 이종훈·김희남, 『세계를 바꾼 연설과 선언』, 서해문집, 2006.

분 바뀌지만, 그는 계속 근무했다. 끝까지 책임지고 가야 한다는 책임감이 무척 컸다. 남들이 알아주지 않아도 묵묵히 소임을 다했다.

의사라는 직업이 주는 권위와 부에 현혹되지 않았다. 원래는 의대에 진학하고 싶은 마음이 없었다. 전자공학과 진학이 더 소질에 맞고 흥미로울 것으로 생각했다. 하지만 운명이란 것이 자기 뜻대로 되나? 의사의 길을 걷게 됐다. 처음에는 의사의 길이 자신의 적성과 맞지 않을 것으로 생각했고, 공대 진학에 대한 미련을 버리지 못했다.

그러나 점점 의사로서 책임감이 커졌다. 아픈 사람을 보살피고, 이들이 제때 치료를 받을 수 있는 꿈을 꾸었다. 응급의료의 소명을 알았고, 돈보다는 의료시스템을 바꾸고 싶었다. 그런 소명을 달성하기 위해 한덕은 날을 샜다. 절박했다. 대한민국 응급의료체계 구축이 시급했다. 책임이 갈수록 무거워졌다.

한덕은 응급의료를 하는 사람들의 책임 있는 참여를 기대했다. 2018년 12월 7일 그는 페이스북에 책임을 강조하는 글을 올렸다.

> 이 포스트로 엄청 비난을 받겠구나!
> 병원 내 응급의료개선은 시급한 과제이긴 하고, 119 구급대가 고생하는 것도 알고 있다. 하지만 정말 이해되지 않는다. 이미 같은 기관 소속 다른 구급대가 이송한 환자 3명이 응급실 입구에 대기하고 있는 응급실에 또 환자를 이송해놓고 병원이 환자를 받아주지 않는다는 편한 핑계를 대는 게 공무원이 할 일인가? 서울 119

는 기관 내부에서 의사소통도 안 하나?

현행 응급의료에 관한 법률 제48조의2는 '응급환자를 이송하는 자는 미리 수용 능력을 확인하고 환자 상태와 처치 내용을 통보하도록'하고 있다. 그런데 응급실 입구에 환자가 밀린 병원이 수용 능력 확인에 '오세요'라고 했을까? 아니면, 이송 중인 119 구급대가 수용 능력 확인을 하지 않고 갔을까?

나는 이런 일방적 기사가 합리적 대안 마련을 방해한다고 생각한다.

다른 나라 이송체계 리뷰하고 prearrival notification*을 하지 않는 EMS**가 있다면 나를 좀 깨우쳐 주면 좋겠다. 그리고 이제 보호자가 원해서 갔다는 책임 전가성 핑계는 그만……. 119 구급대 여러분을 응원하지만, 책임 있는 참여자이기를 더 바란다.

책임의식은 윤한덕을 꼼꼼한 완벽주의자로 만들었다. 집무실 책상에는 항상 서류가 수북이 쌓여 있었다. 중앙응급의료센터 직원이 해온 자료와 서류를 밤새 수정하고 새로운 계획을 직접 기획했다. 그는 한번 기획하면 완벽히 하기를 바랐다. 그 자신도 완벽을 추구했다.

2002년 한덕은 자신이 일을 완벽하게 잘한 줄 알았다. 그러나 이해단체에 의해 다른 정책으로 바뀐 것을 보며 기획자의 예측을 중요하게 생각했다. 기획은 나중에 변형될 것까지 예상하고 만들어야 한다. 그것까지 예상해 세우는 것이 기획이라고 생각했다. 변형이나 바

---

* 병원에 도착하기 전 사전에 알려주는 것.
** Emergency Medical Service, 응급의료서비스.

펼 것까지 예상하면서 기획안을 마련할 것을 직원들에게도 주문했다. 초기 기획이 나중에 엉뚱한 방향으로 가는 것까지 예상하고 만들어야 진정한 고수의 길로 접어든다고 봤다. 원래 달성 목표치가 10이라면 그중 1도 나올 수 있다는 것을 알고 있었다.

"2002~2004년에는 나도 똑같은 초보 기획자였다. 그래서 밀어붙였다. 내가 맞고 다른 것은 틀렸다는 생각은, 나중에 보면 그렇지 않다. 세상은 결국 바른 대로 정리가 됐다. 서로 업무를 나누고, 역할을 주며, 서로 싸우지 않고 도와주는 구조가 되면 생각하지 못한 시너지 효과가 일어난다."

초보 기획자는 한번 기획을 하면 모든 걸 그것에 꿰맞춘다. 내 것은 장점을 보고 다른 사람 것은 단점이 보인다. '내로남불'이다. 내가 하는 것은 좋고 다른 사람이 하는 것은 트집을 잡고 싶은 게 사람의 마음이라고 한덕은 생각했다. 직원들에게 초보 기획자의 함정이 곳곳에 도사리고 있어 주의하라고 당부했다.

직원들이 문서를 들고 오면, 의사인 한덕은 행정적인 것을 가르쳤다. 행정직원들이 오히려 관련 절차를 몰라 쩔쩔맸다. 심지어 일부 직원들은 포기하고, '센터장님이 알려주겠지' 하면서 걸새하러 가는 일도 있었다. 한덕은 환자치료는 해봤지만, 행정 경험을 하지 않아 더 열심히 업무를 파악하려고 노력했다.

그의 지독한 책임의식은 일을 완성하지 못하면 밤새워서라도 일을 마쳐야 한다는 형벌로 끌고 갔다.

에비던스 evidence

한덕은 의사를 과학자라고 생각했다. 과학적인 데이터나 근거가 없으면 한낱 주장이나 의견에 불과하다. 오로지 객관적인 에비던스, 근거 만이 현상을 설명할 수 있다고 봤다.

의학에서는 근거 중심 의학 evidence based medicine 이라는 표현을 많이 쓴다. 의사 개인의 경험이나 추정만으로는 곤란하고 자연과학적, 사회과학적 실험으로 입증해야 한다. 입증을 위해서는 데이터와 통계가 필수다. 과학적 근거에 기초한 의학을 설명하기 위해서는 객관적인 사실을 입증하는 것이 가장 중요하다.

한덕은 연구개발에 관심이 많았다. 이론과 기초를 중시하는 스타일이다. 응급의료 초창기이고 예산을 따려면 그에 합당한 자료를 만들어 내놓아야 하니까 기초 연구를 많이 했다. 어떤 일이든지 근거가 없으면 일을 추진하기가 쉽지 않다고 생각했다.

응급의료 관련 정책을 만들 때도 관련 의견을 철저히 수렴한다. 일방적으로 몰아붙이지 않고 기본적인 것을 다 파악한다. 응급의학과 선후배와 의료인의 의견을 일일이 들었다. 올바르지 않으면 가지 않았다. 독단적으로 결정하지 않고 항상 근거를 찾았고, 다수의 의견을 물었다. 하지만 올바르고 꼭 해야 할 일이며 근거가 갖추어져 있으면, 한덕은 욕을 먹어도 신경 안 썼다. 바로 추진했다.

한덕과 파트너가 되어 복지부에서 일했던 공인식은 근거의 중심에는 통계가 있고, 그중 우리나라 응급의료 통계가 좋은 자료를 효율적으로 만들고 있다고 평가했다. 공인식은 전문의를 딴 뒤 임상 의사의 길을 접고 보건복지부로 들어간 공무원이다. 공인식은 2013년 10월 22일 윤한덕에게 이메일을 보냈다.

윤 센터장님, 잘 지내시지요?
날씨가 가을서 겨울 사이 환절기라, 응급실이 붐빌 시기이네요. 국회로 넘어간 예산으로 또 열심히 작업(?)하시느라 바쁘실 시기이기도 하고요.
이런저런 자료 찾다가, 호주의 응급의료통계자료를 보고 문득 윤 센터장님이 생각나서 메일을 쓰게 됐네요.
저는 호주 캔버라로 공부하러 온 지 내달이면 1년이 되어갑니다. 참 빠르지요?
경제학, 개발도상국 개발학, 공공개혁학, 뭐 듣기만 해도 머리가 아픈 과목들을 그것도 영어로 고민하는 것이라 쉽질 않네요. 늦깎이 학생이라 머리도 잘 안 돌아가고요. 중앙응급의료센터의 직원들과 꿋꿋이 자리를 지키고 계시는 센터장님보단 덜 힘들겠지만요.

저의 최근 관심사는 'Health Care Reform'입니다. 의료급여, 건강보험 지불제도 개편을 고민하다 보니, 큰 이론적 틀과 그 속에서의 외국의 경험과 근거들을 재미나게 읽고 있습니다. 호주는 공공병원이 민간병원을 끌고 가야 한다고 해야 하나, 영연방 국가 중의 한 나라로 독특한 형태의 보건의료체계를 구성하고 있지만, '응급의료'는 공공병원에서 그리고 부족하면 민간병원을 끌어들여 반드시 공공가치를 지닌 영역으로 우선순위가 상당히 높은 영역이더라고요. 여기 현지 신문에서도 가끔 나온답니다. 의사 선생님의 눈부신 활약상부터 병원 직원의 평가정보 부풀리기 비리까지 다양하게요.

아 참, 우리나라 응급의료통계가 국가승인통계로 자리 잡았더라고요. 통계청하고 얘기하면서 많이 심플해졌더라고요. 응급의료 헬기 통계가 내년 정도에는 들어가겠네요. 늦었지만 축하드립니다. 우리나라 응급의료통계는 '정보시스템'의 정착으로 대단히 세부화된 좋은 자료를 효율적으로 낼 수 있는 장점이 있습니다.

빅데이터가 항상 긍정적인 것은 아니지만, 응급의료 분야도 연구자들에게 세련된 Raw data(원자료)와 타 기관과의 data 공동 프레임 작업으로 좀 더 멀리, 깊이 볼 수 있는 통계나 연구통계를 제공할 수 있는 기반이 탄탄해지는 것 같아 좋습니다.

호주의 응급의료통계 책자에 재미난 점은 환자를 나름 비응급 – 약간응급 – 응급 – 초응급 등 개념적으로 확실히 나눴다는 것이고요, 응급실 내원을 피할 수 있는 외래 진료성 환자의 비율을 중요하게 생각한 점이 눈에 들어오네요.

별 볼 것은 없지만, 정책 이해 당사자들이 쉽게 이해할 수 있는 구성과 설명이 배울 점인 것 같습니다. 바쁘실 테지만, 잠깐 짬 내서 보심 좋겠네요. 윤 센터장님께서 그간의 경험과 지식을 '학술'적으로 정리하고 쉬실 시간이 빠른 시일에 생겼으면 하는 바람입니다. 그게 우리나라 응급의료 발전모델을 확립하고 내부적으로 정책발전의 프레임을 제공하여 계속 축적해나가면서 다른 나라에 전파할 수 있는 기반이 되는 것이기도 하고요.

호주에 오실 일 있음 꼭 연락 주세요. (호주 Royal Flying Doctor Services of Australia가 유명한가 보더라고요. 호주 돈에도 이거 도입한 John Flynn 의사분이 등장한다는)

아 참, 차명일 팀장과 응급의료 역전의 용사들께도 안부 전해주시고요. 센터장님의 건강, 가정의 행복을 기원합니다.

PS) 유인술 이사장님께도 같이 CC 넣어드렸습니다.

공인식의 편지에 4일 뒤 한덕은 답장을 보냈다. 당시 숨 가쁜 변화가 있었고 정책 지원을 도맡아 하고 있지만, 일이 끊이지 않는 고충을 이야기했다. 또 국내 응급의료 질의 향상을 위해서는 외국의 사례를 파악하고 이를 분석하는 작업이 중요하다고 생각했다. 외국 응급의료제도와 현황 등을 파악하며 지속적인 연구와 근거 파악을 하려고 시도한 것이다.

다음은 윤한덕이 공인식에게 보낸 이메일 답장이다.

공 사무관이 공부하러 간 지 어언 일 년이 지났군. 에잇 나도 1년 더 늙고 말았어.

중앙응급의료센터를 법인으로 끌고 나온 건 바른 판단이었다고 나름대로는 평가하고 있는데, 일하기는 점점 더 어려워져.

2010년 응급의료과 신설, 기금연장 → 대구 4세 여아 사망 → 지금도 지속되는 응당법 논란과 응급의료에 관한 관심 증대 → 2012년 기금 재원 연장 → 응급의료기본계획 → 1339 번호 폐지 → 중앙응급의료센터가 정보센터 업무 흡수.

최근 몇 년 사이의 변화가 내게도 숨 가쁘니, 당하는 병원이나 구급은 얼마나 정신없겠어? 지난 2010년까지 정책지원을 도맡다시피 했지만, 이제 정책을 추진하는 응급의료과가 제자리를 잡고 일하는 데 그래도 일이 많은 이유를 잘 모르겠어.

그리고 이제 능력도 한계야. 많이 지쳤고, 기껏 숙련시킨 직원도 잃고, 원하는 목표가 있지만 밀어붙일 엄두도 나지 않고, 어떻게 적당한 핑계가 생기면 사라지고 싶은 충동도 불쑥불쑥 일어나고…….

외국 가서 공부하느라 힘든 사람에게 넋두리만 늘어났구만. 남은 1년 너무 공부만 하지 말고 가족과 함께 지내는 생활을 즐겼으면 해. 귀국하면 공 사무관 같은 사람 가만히 내버려 두겠어? 의료를 합리적으로 바꿀 구상도 충분히 하고…….

그리고 혹시 짬 나면 말야, 아래와 같은 정보를 확인할 수 있는 방법 좀 알아봐 주겠어? 호주 응급의료서비스의 개요, 응급의료비지불제도, 지표와 성적…… 이런 것들. 사이트가 있으면 좀 알려줬으면 해, 아니면 백서 같은 것 있어도 좋구.

최근의 관심은 2번 이내 방문으로 중증 응급환자를 해결하는 것, 경증을 떨구어내는 것인데 학회와 병원의 반발이 만만치 않네. 내

개인적으로는 NEDIS 충실하게 하는 것, 평가지표를 재설계하는 것이 골치 아프고.
건강하고, 가족들과 좋은 시간 보내고, 혹시 내년에 놀러 가면 잘 해 주길 바래. 차명일은 명지병원으로 가기로 했어.

한덕은 추진하려는 사업이 설사 실패할 가능성이 있다 해도 과감하게 일을 시작해야 한다고 생각했다. 에비던스를 충분히 모아놓고 누구도 반박하지 못하게 한 뒤, 그 일을 책임지겠다는 자세로 해야 일이 제대로 추진될 수 있다고 여겼다.

뒤에서 숨어서, 밀실에서 처리하는 방식을 극도로 싫어한다. 공론의 장으로 나와 무장할 논리를 만들어놓고 해야 한다는 것이다. 처음부터 크게 구도를 짜고 논리적으로 대응하면 10년 걸릴 일을 2~3년 만에 할 수 있다고 생각했다. 아니, 빠르면 1년이면 끝낼 수 있다고 믿었다.

중요하게 결정해야 할 일이 터지면, 직원들은 해결책을 한덕에게 물었다. 아무도 의사결정을 내리지 못 한다. 심지어 정책 결정 부처인 복지부도 못 했다. 저 큰 결정을 이렇게 해도 되나? 혹시 잘못되면 감사를 받을 수도 있었다. 이 때문에 공무원들은 정책을 결정할 때 신중하게 처리할 수밖에 없었다.

한덕은 추진하려는 일에 대한 데이터나 자료를 먼저 찾는다. 나중에 국정감사 또는 감사원 감사를 할 가능성이 있다는 것도 안다. 이 때문에 레퍼런스reference(참고자료)나 에비던스를 일일이 모았다.

  많은 사람이 한덕이 추진했던 일을 쉽게 결정한 것으로 생각한다. 한덕의 꼼꼼한 업무 추진과정을 사람들은 대부분 몰랐다. 그러나 그 이면에 한덕은 나름대로 철저히 근거자료를 모았다. 자료를 사전에 모아서 충분히 논리적인 밑받침이 되면, 그 일을 추진했다. 백조가 물 위에서는 우아함을 유지하는 것처럼 보이지만, 물밑에서는 발 갈퀴로 계속 휘젓고 있는 모습과 같았다.

추진력

2002년 가을, 한덕은 대학 후배였던 임정수, 중앙응급의료센터 직원 등과 함께 선진 응급의료의 실태를 보기 위해 유럽에 갔다. 임정수는 길병원 예방의학과 교수다. 일정 중 네덜란드의 수도인 암스테르담의 유명 관광지를 방문했다. 암스테르담에 오면 누구나 가는 곳이다. 길을 가다 탤런트 김혜자를 만났다. 가족과 둘이 편하게 돌아다니고 있었다.

"와! 김혜자 선생님이다."

"한국 사람이네. 네, 네, 반가와요."

"저희는 응급의료 선진지 견학 왔습니다."

같이 사진도 찍었다. 사진을 찍은 뒤 한덕은 김혜자에게 불쑥 제안했다.

"우리나라 응급의료 수준이 낮아 높이려고 하는데, 혹시 선생님께서 우리 중앙응급의료센터 홍보대사 해주실 수 있으세요?"

김혜자는 "어머, 그래요. 우리 매니저랑 연락해 보세요." 하면서 연락처를 알려줬다.

하지만 김혜자는 사정상 홍보대사가 되지 못했다.

한덕은 어디를 가든 응급의료만 생각했고, 필요하다면 곧바로 실천에 옮겼다. 한덕은 정책 완성에 대한 책임감이 컸다. 보통 공무원은 길게 생각한다. 예를 들면, 추진할 정책 10개를 1년 만에 해결하는 것은 불가능하다고 여긴다. 업무를 맡은 지 2년 정도 하면서 해결하려고 하지만, 그렇지 않으면 다음 후임자에게 넘긴다. 한덕은 추진해야 할 정책이 10개가 있다면, 1년 내 10개를 다 해결하고 싶을 정도로 욕심이 많았다.

한덕이 중앙응급의료센터에서 근무할 초기인 2003~2004년 사무관 손영래와 정책 추진과 관련해 조율하는 일이 자주 있었다. 한덕은 아이디어를 꽤 많이 내며 몰아붙이려 하는 스타일이다. 하지만 한꺼번에 전부 실천하기가 어려워 중간에 축소되는 일이 많았다. 중간에 빼고 뒷부분은 나중에 하는 것으로 아이디어가 깎여나갔다. 손영래가 오히려 중재했다.

한덕은 효율적으로 업무를 추진하는 방법을 가끔 직원들에게 이야기했다.

"내가 생각이 없으면, 생각이 있는 사람을 따라가야 합니다. 생각이 있으면 의사결정이 되기 전에 방향을 잡아야 하죠. 의사결정이 되면 일관성 있게 밀어붙여야 하는 것이 우리가 할 일입니다. 계획 중 다른 곳에서 잘할 수 있는 일이라면 그곳에서 할 수 있도록 집중해줘야 합니다. 그리고 도와야 합니다."

복지부 응급의료과장이었던 현수엽은 한덕이 일을 무서워하지 않는 성격으로 기억했다.

"응급의료 관련 정책을 개선하려면 여러 데이터가 많이 필요하고 중앙응급의료센터의 역할이 큽니다. 복지부 공무원들은 이런 것을 중앙응급의료센터에 부탁합니다. 센터도 워낙 과중한 업무에 시달리다 보니 항상 미안한 마음으로 부탁합니다. 센터장님은 개선하려고 하는 방향이 본인이 옳다고 생각하는 방향이면, 일의 양과 상관없이 매진하셨습니다. 오히려 개선의 의지가 많은 과장이 와서 좋다고 하시면서 말입니다. 본인 일이 늘어나고 밤새워야 하는 것에 크게 개의치 않으셨습니다."

한덕은 일에 대한 것은 고집이 셌다. 옳다고 생각하는 것만 보고 갔다. 융통성 있게 한 것이 아니다. 처음에는 원칙대로 하는 것 때문에 학회나 병원의 불만이 많았다. 아무리 잘해도 건방지다는 평가를 들을 수밖에 없었다.

스승 같은 대학교수들을 모아놓고 회의를 주재하는 일이 많았다. 자칫 버릇없는 사람으로 찍힐 우려도 있었다. 그렇지만 옳은 일이라면 고집을 꺾지 않았다. 이 때문에 초창기에는 오해를 많이 받았다. 업무 정책이나 집행 부분이 상당히 고집스러운 부분이 많아 그렇게 보였지, 실제로는 예의 바른 사람이었다. 원칙에 어긋난다고 생각하면 답답할 정도로 소신과 원칙을 고수했다. 나쁘게 말하면 고립되거나 아집이었다. 그러나 타협하지 않고 꼿꼿이 일했다. 소신이 서면 강하게 밀어붙였다.

윤한덕의
하루

2008년 어느 토요일, 중앙응급의료센터 직원 중 막내인 강정미는 일이 있어 사무실에 갔다. 한덕의 집무실에 들어갈 일이 있어 갔지만, 자리에 없었다. 대신 커피믹스 잔과 그 안에 담겨 있는 담배꽁초만이 수북했다. 간밤의 흔적이 역력했다. 그날은 청소하는 사람이 출근하지 않았다.

커피를 마신 잔은 10개 이상 수북이 쌓여 있었다. 한덕이 커피믹스를 자주 마셔 종이컵은 많이 쌓여 있을 수밖에 없었다. 간밤에도 이곳 소파에서 잔 흔적이 그대로 남아 있었다. 응급의료 관련 책은 산더미처럼 쌓였고, 부분부분 펼쳐졌다.

방안이 너무 더러워 강정미는 쓰레기를 버리고 방을 쓸고 닦았다. 한덕은 강정미가 방을 정리했다는 사실을 나중에 알았다.

"정미! 그제 네가 내 방 청소했니?"

"예."

"고생했는데, 다음부터는 신경 쓰지 마!"

한덕은 책이 어디에 뭐가 있는지 알아야 하니까 앞으로는 방을 정리하지 말라는 투로 말했다.

한덕은 직원들이 업무 이외에 사소한 부분에 신경 쓰는 것을 싫어한다. 번거롭게 하는 것 같기 때문이다. 그러나 내심 깔끔한 것을 좋아한다.

강정미는 의무기록사다. 기록실은 항상 정갈한데 한덕의 집무실은 어수선했다. 당시 한덕은 기획팀장이었고 바로 옆은 관리팀장 방이었는데 그곳은 항상 깔끔했다.

한덕은 몸을 돌보지 않고 일하는 스타일이다. 밤새 일을 하니까, 간혹 아침에 회의 있을 때 안 나오면 직원들은 가슴이 덜컹 내려앉았다. 혹시 어디에 쓰러져 있는 것 아닌가? 한덕의 집무실 문을 두들겨 봐 나오면 안심이 됐고, 인기척이 없으면 집무실로 들어가 찾았다. 문이 잠겨 있으면 걱정했다.

직원들이 아침에 사무실에 출근했는데 한덕이 보이지 않으면 남자 직원들은 근처 사우나와 찜질방으로 찾으러 다녔다. 어떤 때는 찜질방에서 잘 때도 있었다.

한덕은 중앙응급의료센터에 근무할 초창기에 집에 들어가지 않고 소파에서 잠을 잤다. 어떤 날은 2~3개 의자를 합쳐 잠을 자기도 했다. 이를 안타깝게 여긴 직원이 나중에 '라꾸라꾸 간이침대'를 들여놓으면서 잠자리가 조금 좋아졌다.

직원들이 아침에 출근해 보면 그의 집무실 안에는 커피잔, 담뱃재가 항상 수북이 쌓였다. 밤새 보고서를 만들고, 직원들이 만든 자료를 검토하면서 쌓인 고뇌의 흔적이었다. 직원들은 밤새 또 일하셨구나, 라고 짐작했다. 사무실이 집무실이었고 생활공간이었다.

한덕은 낮에는 주로 회의하고, 밤과 새벽에는 미처 검토하지 못한 서류작업과 결재에 바빴다. 이런 생활이 17년 동안 이어졌다.

그의 삶을 보면, "노동자는 기계가 아니다."라고 외치며 열악한 노동조건의 개선을 위해 스스로 자신의 몸을 던진 전태일 열사가 떠오른다.

전태일이 일했던 평화시장은 좁은 공간에 다락을 만들어 노동자들을 밀집시켜 일을 시켰던 비참한 노동현장이었다. 전태일은 이곳에서 하루 14시간이 넘게 고되게 일했다. 그가 분신했던 자리는 한덕의 집무실과 불과 100미터 거리도 떨어져 있지 않다.

또 의사이자 혁명가였던 쿠바 혁명 전쟁의 지도자 체 게바라의 삶의 궤적도 떠오른다. 한덕의 살아온 삶 자체가 그를 닮았다.

체 게바라는 사회 부조리를 보고 총을 들었다. 현실의 안락과 권력에 안주하지 않고 신념에 따라 행동하다 죽임을 당했다.

한덕은 응급실에서 죽어가는 환자들을 보고 느꼈다. 환자를 위해 자신의 모든 인생을 걸었다. 그의 집무실은 게릴라의 움막을 연상시킨다. 요즘 세상의 의사와는 완전히 다른 삶을 살았다. 대한민국의 체 게바라 같았다.

> ### 체 게바라
>
> 체 게바라(1928~1967)는 아르헨티나 출신 의사이자 혁명가이다. 그는 사후 더 유명해진 인물이다.*
>
> 의대를 졸업하고 남미를 여행하면서 라틴아메리카 역사와 민중들의 삶에 깊은 인상을 받았다. 부패한 세력을 보며 사람 한두 명 치료하는 것도 중요하지만, 사회 구조를 바꿔야겠다고 생각한다.
>
> 이후 피델 카스트로와 함께 쿠바 혁명에 가담하며 혁명가의 삶을 시작한다. 의사로서 안정된 삶을 버리고 밀림으로 뛰어들어 총을 들었다. '메스' 대신에 '총'을 잡았다.
>
> 신념을 달성하기 위해 주민들에게는 한없이 자비로웠지만, 자신에게는 엄격했다. 사회를 개혁하고 변화하려고 했다. 그것을 통해 좋은 사회를 만들 계획이었다.
>
> 마침내 1956년 쿠바 혁명이 성공했다. 피델 카스트로는 총리가 되었다. 체 게바라는 혁명의 공을 세운 공로로 쿠바 국민이 되었고, 카스트로 정부에서 중앙은행 총재, 장관 등을 거쳤다.

---

* 네이버 지식백과, '체 게바라(Che Guevara) – 영원한 혁명가'(인물 세계사, 김정미).

> 그러나 1965년 4월, 체 게바라는 스스로 좋은 자리를 박차고 아프리카 콩고로 가 혁명군을 지원한다. 하지만 아프리카만의 특수성을 이해하지 못한 채 실패하고 1966년 다시 남미 볼리비아 혁명에 가담한다.
> 체 게바라는 볼리비아 산악지대에서 게릴라 부대를 조직해 혁명 활동을 벌이다가 1967년 정부군에 체포된 뒤 사살됐다.
> 그의 나이 39세였다.
> 체 게바라는 사후, 오히려 영향력이 커졌다. 전 세계적으로 많은 추종자가 생겼다. 그는 이념과 국가를 떠나 전설의 혁명가로 남아 있다.

한덕은 힘들 때가 많았다. 그래서 사직서도 몇 번 썼다. 나중에는 본인이 그만두면 이 일 자체가 무너진다고 여겨 생각을 다시 고쳐잡았다.

중앙응급의료센터는 일이 너무 많아 의사들에게는 인기가 별로 없었다. 채용공고를 내도 지원하지 않았다. 채용된 뒤 오래 버티지 못했다. 힘들기 때문이다.

이 때문에 한덕은 빈 공백의 자리를 대신 맡았다. 센터장에다 팀장까지 겸임했다. 한덕은 사망할 당시 중앙응급의료센터장, 응급의료기획연구팀장, 응급의료평가질향상팀장 등 3개 보직을 겸직했다.

조금 더 사람이 많았으면 일이 좀 수월했을 텐데, 그렇지 못했다. 한덕의 짐을 나눌 사람이 있었으면 좋았지만 그럴 사람이 없었다. 한덕은 아무리 힘들어도, 힘들다는 내색을 안 한다. 자기가 맡은 것은 불평 없이 끝까지 받아들이는, 성품 자체가 우직한 사람이다.

그런데 일은 너무 많았다. 한덕은 생전 페이스북에 '오늘은 몸 3개, 머리가 2개였어야 했다. 내일은 몇 개가 필요할까?'라는 글을 남길 정도로 업무가 끊이지 않았다.

2017년 10월 2일이 임시공휴일로 지정되고 개천절, 추석이 이어지자 한덕은 '연휴가 열흘! 응급의료는 그것만으로도 재난이다!'라고 그의 페이스북에 적었다. 열흘간 외래환자는 볼 수 없고 응급실만 문을 열기 때문이다. 특히 명절 때 많은 사고가 발생하고, 응급환자도 병원을 많이 찾는다. 모든 환자는 연휴 때 병원 통로가 응급실밖에 없어 몰릴 수밖에 없다. 의료진은 환자 진료가 늘고, 전원까지도 챙겨야 해 그야말로 긴 연휴는 재난과 마찬가지다. 오늘 하루 3일 산 것 같다는 말도 자주 했다.

한덕은 복지부에서 업무요청이 많아지면 직원들에게 기본적인 자료를 만들라고 요구하지만, 퇴근하고 일이 떨어지면 늦은 밤에도 스스로 알아보고 혼자 일했다. 일주일 내내 사무실 인근을 벗어나지 않았다. 자기에게 주어진 일을 자기 손으로 하지 않으면 안심을 못 하는 스타일이다.

한덕은 포부가 있었다.

'10년 후면 응급의료체계가 잘 만들어져있겠지! 그러면 난 집에서 출·퇴근할 거야!'라는 이야기를 많이 했다.

그때를 위해 지금은 힘들더라도 참자고 스스로 위로했다. 집에 왔다 갔다 하는 시간이 너무 아까웠다. 병원, 학회, 국회와 부딪히면서 힘들었다. 기득권을 버리고 환자를 위한 응급의료정책이 추진되기를 바랐는데 안 바뀌어 힘들어하는 것이 많았다. '응급의료 발전'이라는 진도도 빨리 안 나가니까 한덕은 더욱 애가 탔다.

그의 하루 생활은 이렇다.

간이침대에서 잔 뒤 오전 8시 30분 출근해 1시간 정도 회의한다. 하루에 회의가 많을 때 내·외부 합해 모두 4개 정도 되면, 그날 하루는 거의 회의로 보낼 수밖에 없다. 회의가 있는 날은 결재가 밀렸다. 하루 평균 결재 건수가 80개, 많으면 120~130개 정도. 어떤 날은 결재 건수가 200개 정도 되는 날도 있다.

전국 중앙응급의료센터 직원은 165명이다. 9개 팀, 17개 지원센터 등 26개 팀이 하루에 2건 올리면 50여 건, 4건씩 올린다면 100여 건 정도 된다. 다 꼼꼼히 읽어봤다.

저녁 식사 이후에도 새로운 일과가 시작된다. 직원들과 오후 6시에 밥을 먹고 7시에 들어온 뒤 10시까지 책을 보거나 공부, 또는 잠깐 TV를 본다. 밤 10시 일을 시작해 밀린 서류정리, 결재, 보고할 자료 정리 등을 마치면 다음 날 새벽 4~5시다. 그때부터 2~3시간 자고 또다시 새로운 업무를 시작한다.

생활은 단조로웠지만, 한덕의 삶은 엄청 치열했다. 하루 결재 공문 건수가 많았고, 전화도 쉴새 없이 울렸다. 한 시간 회의하면 전화 6~7번 정도 받을 때도 있었다. 밤에도 계속 전화가 왔다. 밤 12시 이전에도 한덕은 계속 전화를 돌려 업무를 봤다.

법인화 초기 1팀 6명으로 출발한 중앙응급의료센터의 조직이 크게 확대됐다. 단기간에 확대된 조직은 한덕의 마음을 짓눌렀다. 가중된 업무를 감당하기 위해 응급의료에 관한 경험과 지식이 많은 한덕에게 업무와 책임이 집중될 수밖에 없었다. 중앙응급의료센터가 정책 지원하는 부서여서 상시 대응을 해야 한다.

정상적인 귀가와 휴가는 점점 멀어질 수밖에 없었다. 한덕은 어떤 때는 식사하는 것이 귀찮아 대충 때웠다. 대신 커피를 많이 마셨다. 점심 식사 때는 주로 구내식당에 갔고 저녁에는 정해놓은 식당에서 식사했다.

퇴근은 일주일에 한 번이었다. 한덕이 입사 초기에 퇴근은 토요일 오후 6~7시 정도 한 뒤 일요일 밤에 다시 사무실로 돌아왔다. 둘째 아들 형우가 초등학생이어서 아빠로서 일요일에는 놀아줬다. 형우가 중학교를 들어간 이후인 2016년부터는 일요일 오후 6~7시 정도 센터에서 출발했다. 사무실에서 집까지는 1시간 정도 걸렸다. 식사하고 잠시 잠을 잔 뒤 집에 3~4시간 머물다, 밤 12시 정도 중앙응급의료센터로 다시 돌아왔다.

가족을 사랑했지만, 가족과 시간을 보내는 것보다 생명을 살리는 일이 더 중요했다. 가족에겐 가장家長으로서 책임을 다하지 못해 평생 미안한 마음뿐이었다.

낡은 간이침대와
신발

한덕은 할 일이 너무 많았다. 계속되는 회의, 밀린 결재서류 처리, 응급 관련 정책 기획 등등. 몸이 2~3개여도 부족할 판이다.

사무실에서 경기도 안양 평촌 집까지 왕복 2시간을 도로에서 허비하기에는 시간이 너무 아까웠다. 그렇다고 사무실 근처에 집을 마련할 수도 없었다. 그가 모은 돈으로는 근처 전셋값도 안 될 정도로 턱없이 부족했기 때문이다. 사무실에서 숙식을 해결하는 것이 밀린 일도 많이 할 수 있고, 그가 이루려는 응급의료의 발전도 앞당길 수 있는 일석이조—石二鳥의 방법이었다. 잠은 집무실에 있는 낡은 간이침대에서 잤고, 밥은 구내식당과 근처 식당에서 해결했다.

직원들이 한덕에게 물었다.

"이사 와서 가까운 곳에서 출퇴근하지. 왜 이사 안 하세요?"

"돈 없어서 못 한다."

"……."

"응급실에서 일했던 것이 습관이 되어서 이렇게 있어도 불편하지 않아."

일이 많기도 했지만, 한덕은 지내온 습관을 핑계로 댔다.

국립중앙의료원은 서울시 중구 을지로6가에 있는 보건복지부 산하의 국립 종합병원이다. 6·25전쟁 후 전상병戰傷兵을 비롯한 환자 진료 및 의료요원의 교육과 훈련을 목적으로 설립되었다. 1958년 11월 정부와 스웨덴, 덴마크, 노르웨이 등 스칸디나비아 3국의 공동운영 체제로 개원해 진료를 시작했다.

이 병원은 개원 당시 동양에서 가장 훌륭한 장비와 현대식 설비를 갖추어 전쟁으로 상처받은 국민에게 위안과 희망을 주었다. 서구의 선진기술과 문화를 도입해 우리나라 의학 및 문화 발전의 교량 역할을 맡았다.*

이후 1968년 10월 정부가 모든 운영권을 인수해 운영한다. 이 병원은 보건복지부 산하 중앙의료원으로서 환자 진료는 물론이고, 의료기술 향상을 위한 조사와 연구를 한다. 또 의료기관 운영의 기준 설정과 중앙 암 등록사업본부, 장기이식 관리센터KONOS 등을 운영했다.

---

* 네이버 지식백과(한국민족문화대백과, 한국학중앙연구원).

국립중앙의료원 내에 중앙응급의료센터가 있었고, 한덕의 집무실은 의료원 내 지어진 지 60년이 지난, 2층 낡은 벽돌로 지어진 건물에 있다. 이 건물은 1958년 개원 당시 UN에서 파견 나왔던 외국인 의사와 가족들이 머물렀던 곳이다. 2013년 서울시는 이 건물을 '서울 미래유산'으로 지정했다.

윤한덕은 2013년부터 이곳을 사무실로 사용했다. 국립중앙의료원 본관 4층 사무실에 있다가 이곳으로 이사를 왔다.

국립중앙의료원 스칸디나비아 기념관이 있는 한덕의 사무실 건물은 온통 담쟁이로 뒤덮여 고풍스럽다. 한덕의 집무실 창문에 뻗어있는 담쟁이 넝쿨 사이로 바라본 넓은 잔디밭은 산수화를 연상케 할 정도로 아름답다.

봄에는 목련꽃이 흐드러지게 피어 화사함을 준다. 목련꽃이 화사하게 피었을 때 한덕의 마음도 피어났다. 여름에는 오래된 건물 사이로 등나무가 있어 시원함이 느껴진다.

한덕의 사무실은 2층에 있다. 15개 정도의 나무계단을 밟고 올라가면서 나는 살짝 삐거덕거리는 소리는 어떤 날은 운치 있는 음향으로, 어떤 날은 외로움을 달래는 동반자로, 어떤 날은 적막을 깨는 으스스함으로 다가왔다.

내부 구조는 북유럽 주택의 모습을 갖췄다. 내벽 마감과 바닥재를 제외하고는 그곳의 구조를 거의 그대로 간직하고 있다.

그 안 4평 남짓한 집무실에는 낡은 간이침대, 생활용품, 신발과 가방, 업무서류 등으로 가득 차 있다. 말 그대로 한덕의 생활공간 그 자체다.

사무실 한쪽에는 커튼으로 쳐져 그 모습이 가려져 있는 낡은 간이침대가 놓여 있다. 간이침대가 놓여 있는 곳은 원래 붙박이장이 있던 공간이다. 붙박이 공간을 빼고 이곳에 간이침대를 들여놓았다. 폭이 60센티미터, 길이는 2미터에 불과해 한 사람이 누우면 꽉 차는 침대다. 이 간이침대에서는 뒤척일 여유가 없고, 오로지 한 방향 또는 반듯이 누워있어야만 잘 수 있다.

이 침대는 '마사지 베드'다. 아내 영주가 3년 전 지인에게서 받은 이 침대를 사무실에 가져다 놓았다. 누우면 너무 딱딱해 등이 배길 것 같아서, 영주는 4센티미터 두께의 라텍스를 사다가 마사지 베드 밑에 깔았다.

낡은 간이침대 벽면 벽지는 군데군데 얼룩져 있다. 바로 옆에 붙어 있는 세면시설에서 흘러나온 물이 방수 처리가 제대로 되지 않았는지, 얼룩처럼 남았다. 그러나 항상 커튼으로 가려 다른 사람이 볼 수 없도록 했다.

집무실 책상 서랍 안에는 생활용품들로 가득 차 있다. 책상 양 서랍에 속옷을 가득 채워놓아 1~2주일 집에 들어가지 않아도 불편하지 않았다. 모형 비행기를 만들기 위한 배터리, 날개 등 각종 도구도

먼지가 켜켜이 쌓인 채 깊숙이 파묻혀 있다.

책상 바닥 구석에는 낡고 바랜 운동화 6~7켤레, 가방 5개가 놓여 있다.

집무실 책상에는 두 대의 컴퓨터 모니터와 컴퓨터, 전자계산기, 업무 일지, 수면 패치, 면도기, 널브러져 있는 약 꾸러미, 데이터를 활용할 수 있는 컴퓨터 관련 서적들로 메워졌다.

책장에는 응급의료와 관련된 다양한 책들로 가득 꽂혀 있다. 회의용 탁자에는 언제든지 필요한 자료를 바로 찾을 수 있도록 항상 책과 응급의료 관련 자료가 수북이 쌓였다.

한덕은 새벽까지 일하다 배가 고프면 1층 탕비실로 내려갔다. 이곳 냉장고에는 한덕이 집에서 가져다 놓은 김치와 된장, 밑반찬, 달걀 등이 들어있어 언제든지 배고픔을 채울 수 있었다.

이렇게 17년 동안 중앙응급의료센터에 생활하다 보니 익숙해졌다.

하지만 집무실은 겨울에는 춥고, 여름에는 더웠다. 겨울에는 추위에 떨었고, 여름에는 더위에 뒤척일 때가 많았다. 에어컨은 용량의 한계로 작동하는 날이 많지 않았다. 오래된 건물이라 겨울에는 히터를 못 틀었다. 히터를 틀면 건물 전체에 정전 우려가 있었기 때문이다. 대신 라디에이터를 놓았다. 구형 라디에이터가 열을 발산했지만, 한겨울에만 가동된다. 한덕은 추위도 견뎠다. 이곳 벽돌 건물은 서울시 문화재로 지정되어 있다. 이 때문에 마음대로 수리를 하거나 개보

수하기가 어렵다. 그 모습 그대로 보존했다. 그나마 집무실 건물이 사택 용도로 지어진 곳이라 샤워 시설 등이 딸려 있어 다행이었다.

좁은 방, 거의 노숙자 침대 같은 곳에서 밤새 일을 하고 새벽에야 잠을 잤다. 그곳에서 대한민국 전체의 응급의료를 총괄했고, 발전 방안 마련에 골몰했다.

누구보다도 책임의식이 강했고, 일은 완벽하게 해내려고 노력했다. 집에 왔다 갔다 하면 일에 집중할 수 없고 시간을 많이 빼앗긴다고 생각해, 한 달에 3~4차례만 집에 갔다.

2002년부터 2013년 초까지 머물렀던 사무실에서는 2개의 소파를 붙여 잠을 잤다. 발을 뻗으면 다리 길이보다 짧은 소파여서 옆으로 몸을 돌려 드러누워 쪽잠을 자곤 했다. 샤워 시설도 없어 찜질방을 전전했다.

현 집무실은 이전과 비교하면 천국에서 사는 것과 마찬가지였다. 4평에 불과한 집무실은 오히려 아방궁이었고, 간이침대는 고급 침대처럼 느껴졌다.

쌓인 빨래는 일주일에 한 번씩 집에 갈 때 가져갔다. 2주 연속 집에 오지 못하면 아내가 속옷을 싸서 병원에 가져다줬다. 아내는 병원에 가도 남편이 바빠 만나지도 못하고 짐을 차에 넣어두고 돌아서는 일이 많았다. 이런 열악한 환경에서 한덕은 근무했다.

그러한 한덕의 존재는 그의 사후死後 알려졌다. 문재인 대통령은 그를 기리는 글을 페이스북(2019년 2월 7일)에 올렸다.

> 윤한덕 중앙응급의료센터장님의 순직을 추모합니다. 사랑하는 남편과 아버지, 자식을 잃은 유가족께 깊은 위로 말씀을 드립니다. 고인은 정말 자랑스러운 남편이자 아버지였으며 명예로운 대한민국의 아들이었습니다. 진심으로 국민과 함께 아픔을 나누고 싶습니다.
> 설 연휴에도 고인에게는 자신과 가족보다 응급상황에서 국민의 생명과 안전을 지키는 일이 먼저였습니다. 사무실 한편에 오도카니 남은 주인 잃은 남루한 간이침대가 우리의 가슴을 더 아프게 합니다. 미안하고 고맙습니다. 숭고한 정신 잊지 않겠습니다. 부디 영면하십시오.

한덕의 부모님은 2012년 아들이 근무하는 사무실에 갔다. 현재 있는 행정동으로 옮기기 전이다.

"한덕아, 너 사무실 어떻게 생겼냐? 한번 보자!"

"아버지, 다음에 보여드릴게요. 우선 식사부터 하시죠."

한덕은 사무실을 보여주지 않으려고 식당으로 데려갔다. 괜히 부모님 마음을 아프게 하기는 싫었기 때문이다. 그러나 아버지가 계속 보자고 하자 할 수 없이 부모님을 사무실로 안내했다.

가서 보니 집에 들어가지도 않고 접은 의자에서 잤다는 걸 알았다. 다리도 완전히 못 뻗는 그런 소파였다. 키가 작아서 그나마 옆으로 드러누울 수 있어 애써 다행이라 여겼다.

"도대체 이런 곳에서 어떻게 산다냐?"

아버지 윤재태는 화가 났다.

"이렇게 복잡한 병원이 어디 있다냐?"

그리고 한숨을 내쉬었다.

어머니 최차남도 어이가 없었다.

"마치 소를 키우는 곳 같네, 잉……."

집으로 가서 잤으면 넓고 편하게 잘 것인데 발 한번 제대로 못 뻗고 자는 아들이 안타까웠다. 그때도 집에 들어가지 않았고 2명이 앉을 수 있는 공간의 소파에서 잤다. 사무실이 너무 험해 쓰러진 창고 같았다.

가족들과 소중한 시간을 보냈어야 할 그 시간에 집무실에서 일했고, 그나마 잠시 눈을 붙인 간이침대가 재충전할 수 있는 고마운 도구였다. 한덕은 점점 응급의료 발전이라는 책임의식 때문에 날이 새는 줄도 몰랐다.

복지부에서 내리는 일만 처리하는 것도 많았다. 시급하게 처리해야 할 일이 널려 있었다. 천천히 계획을 세우고 하는 것이 아니라 즉각 처리해야 하는 일이 늘어났다. 일이 동시다발적으로 터지는 경우가 있었다. 즉각 대응하고 처리했다.

한덕은 쉴 새 없이 응급의료를 구상하고 직원들과 회의했다. 주간에는 시급한 일을 했고 야간에는 밀려 있던 일을 마무리 지었다. 앞을 내다보고 새로운 계획을 세우며 기획하는 것이 좋았다.

장한석을 비롯한 직원들은 이렇게 말했다.

"센터장님! 이제는 그만 일 좀 하시고 일을 아래로 내려주세요."

물론 직원들이 보고서 초안 등을 쓰기도 하지만, 한덕은 여전히 직접 문서까지 다 쓰고 대외적인 업무까지 소화했다. 문서나 보고서를 작성하는 '페이퍼(문서) 작업'도 센터 내에서 제일 잘한다. 직원들이 쓴 문서가 보고서 양식과 맞지 않으면 그에 걸맞게 용어를 일일이 바꿔줬다. 초안은 직원이 쓰는 경우가 있지만, 한덕의 머리에서 나온 것이 많았다. 중요한 문서는 직접 초안을 작성했다.

보건복지부에서 놀란 것인 시범사업을 할 때였다. 추진보고서를 용역으로 만들어 제출해야 하는데 별도로 하지 않고, 한덕이 직접 일주일 만에 완성했다. 본인의 습성 자체가 워낙 많이 일했다. 대체 불가한 사람이었다.*

---

* 많은 것을 본인이 처리하다 보니 후임을 대처할 사람이 없다는 지적도 있다. 일을 시스템으로 돌려야 하는데 그 부분이 부족하다는 것이다.

하루 19시간 근무

한덕은 나이에 비해서 얼굴이 동안童顔이었다. 그러나 제대로 잠을 못 자니까 피부가 점점 안 좋았다. 어렸을 때 유난히 하얗던 피부가 이제는 검푸르게 변했다. 얼굴에 검버섯도 생겨났다. 나이 50을 겨우 넘긴 사람으로서는 빠른 편이었다. 인스턴트커피를 많이 마셨고, 담배도 피웠으며, 식사하는 것도 부실했다. 몸을 너무 혹사한 편이었다.

한덕은 사무실 근처로 찾아온 대학 후배랑 이야기했다.

"형! 힘들지 않으세요?"

"나도 힘들다."

"이젠 좀 쉬세요. 그리고 가족하고 시간 좀 보내세요."

"5년만 하고 환자 보러 가려고. 나이가 들어 이제는 힘들어. 후배가 이젠 해야 할 것 같아!"

"그렇게 하세요. 저도 직장이 집과 떨어져 있어 일 년에 가족 얼굴을 몇 번 못 봤을 때 정말 싫었어요."

"윤봉길 의사 아이들은 아빠 얼굴을 모른다는 거야. 뭔가 하나는 포기해야 해!"

중앙응급의료센터의 공식적인 업무시간은 오전 8시 30분부터 오후 5시 30분까지다. 공식 업무시간 외에 한덕은 하루 24시간도 모자랐다.

그에게 돌아가는 공식 당직인 상황실 근무는 한 달에 1~2차례였지만 아무 의미 없었다. 매일 근무이고, 매일 당직이었다. 당직도 굳이 서지 않아도 됐는데 본인이 자청한 것이다. 재난·응급의료상황실 당직 전문의로서 월 2회 정도 토요일 또는 일요일에 상황실 근무를 섰다. 내부회의뿐 아니라 외부 자문회의도 많아 어떤 날은 거의 하루 내내 회의만 했다.

한덕은 사후死後 산업재해근로자로 인정받았다. 산업재해 사실조회서에는 일주일 중 월요일 아침 8시 30분부터 일요일 오후 5시까지 약 6.5일을 근무했으며, 0.5일 정도 휴무를 했다고 적혀 있다. 숨지기 전 일주일 근무량은 하루 평균 19시간(야간 9시간)을 근무했고, 3개월 동안 일주일 평균 122시간 일을 했다고 나와 있다.

'근로기준법'은 근로시간을 엄격히 제한하고 있다. 근로시간은 1일에 8시간, 1주일에 40시간을 기준으로 이를 초과하지 못하도록 1일 8시간 노동을 원칙으로 한다(근로기준법 제50조). 다만, 당사자 간의 합의에 따라 1주일에 12시간 한도로 연장 근로할 수 있다(동법 제53조).

한덕은 법으로 정한 근로시간의 3배 이상 일을 한 셈이다.

윤한덕의 산업재해를 심사했던 근로복지공단 업무상질병판정위원회는 그의 사인死因은 고도의 심장동맥경화에 따른 급성심정지였다.

과로 여부 조사 결과 '발병 전 1주간 업무시간 129시간 30분, 발병 전 4주간 주 평균 업무시간 121시간 37분, 발병 전 12주간 주 평균 118시간 42분'으로 과로 기준을 훨씬 넘었다. 발병 전 12주간 휴일도 없이 중앙응급의료센터에서 주·야간 근무했을 뿐만 아니라 응급상황에 따른 정신적 긴장이 크다고 판단했다. 업무부담 가중요인이 확인돼 고인의 사망은 업무상 과로 및 스트레스에 따른 인과관계 때문이라고 인정했다.

한덕은 일에 대한 열정도 컸지만, 기본적으로 업무가 과중해 그렇게 일하지 않고는 안 될 정도로 일이 많았다.

완벽주의적인 성격이라 모든 걸 책임졌다. 중앙응급의료센터의 8개 팀을 이끌며, 재난·응급의료 상황실을 총괄했다. 밤낮없이 업무가 쏟아졌다.

2017년까지는 실시간으로 돌발 상황에 대처하는 상황실장까지 겸직했다. 상황실은 국내 권역별 응급의료센터 40곳의 컨트롤 타워로

24시간 불이 꺼지지 않는 곳이다. 한덕은 그곳에서 응급환자를 위한 희망의 불씨를 계속 살리고 있었다.

　재난이 발생하면, 한덕은 재난 카카오톡 단체방에 참여해 상황 파악을 하고 구체적으로 대처방안 등을 지시한다. 당직이 아니면 굳이 할 필요가 없었지만 모든 재난 상황에 다 참여했다. 사고 기전機轉(어떤 일이 일어나는 현상 또는 원인)을 파악하고 주위에 있는 병원의 소재를 일일이 확인한다. 그리고 상황 파악에 따라 대처방안 등을 정확히 맥을 짚어 신속히 처리했다.

번아웃 burnout

한덕의 큰누나 윤미향은 동생의 입술 색이 검붉은 색으로 변할 때부터 마음이 편치 않았다. 그렇게 새하얗던 피부가 패이고, 입술 색도 검붉게 변한 것을 보고 동생의 힘듦을 짐작할 수 있었다. 그러나 말리지 못했다.

윤미향은 동생을 걱정했다.

"너 피부톤이 너무 안 좋다. 몸 관리 좀 해라."

"누나, 내가 알아서 할게!"

"의사여도 암 걸려 죽은 사람 많아야! 병원에도 건강센터 있잖아. 검사 좀 해라."

"내가 알아서 한다니까."

한덕은 응급의료 일을 시작할 때 처음에는 시급한 현안을 모두 해결해야겠다는 생각이 있었다. 집에 가지 않고 일을 하면, 더 빨리 진행될 것으로 여겼다. 그러나 그 일의 깊이를 다 채울 수 없이 항상 부족했고 만족스럽지 않았다. 계속 일을 할 수밖에 없는 상황을 스스로 만들었다.

충남대 의대 교수 유인술은 한덕의 건강이 걱정돼 자주 집에 들어가라고 당부했다.

"한덕아! 넌, 너 혼자만이 아니여. 와이프와 너희 애들은 뭐냐? 이 일을 몇 년 하고 말 거 아니잖아. 길게 보고 가려면 집도 자주 들어가고, 잠도 좀 편안하게 자고 그려."

"형님, 아직은 멀었어요. 할 일이 너무 많아요."

"너 없어도 중앙응급의료센터 잘 돌아가아. 이젠 그만 집에 들어가라."

한덕은 하루 3시간을 채 못 잤다. 머릿속이 편하게 잠들 수 있는 상황이 아니었다.

한덕이 중앙응급의료센터에 들어갈 결심을 했을 때 센터가 자신이 하려는 일과 딱 들어맞았고, 능력을 발휘할 수 있는 곳이라고 생각했다. 이 때문에 응급의료의 발전을 위해 집에도 들어가지 않고 최선을 다했다.

그러나 사망하기 몇 개월 전부터 평소와는 다른 기미를 보였다. 힘들다는 것을 사람들에게 자주 표현했고 심지어 죽을 수 있다는 공포감도 느꼈다. 자신의 아픔이나 고통을 표현하지 않은 그였지만 몇 명에게는 고통을 호소하며 울었다. 감기몸살처럼 몸도 시름시름 아픈 일이 많았다. 전형적인 번아웃 증상이었다.

번아웃은 전문가들이 자신의 정신적 에너지가 완전히 소모되었을 때 나타난다. 이를 막으려면, 잘 먹고 잘 마시며, 일을 집으로 가져가지 않고, 적절한 운동과 취미생활을 하는 조치가 필요하다. 한국인들은 번아웃 전에 오히려 나만 혼자 있는 것 같은 외로움을 점점 더 많이 느낀다. 몸과 마음이 힘들다는 신호다.

한덕은 숨지기 6개월 전부터 밥을 먹다 갑자기 우는 경우가 부쩍 늘었다. 한덕은 어쩌면 자신이 번아웃 상태라는 걸 알 수 있었을 것이다.

"지숙, 행복하니?"

그가 죽기 전 국립중앙의료원 부장 김지숙에게 자주 묻는 말이었다.

"아니, 나는 행복해서……."

그런 말을 할 때마다 김지숙은 한덕이 측은하고 외로워 보였다.

"나는 행복해. 너는 너무 전투적으로 사는 것 같아. 전투적으로 살지 말고 적당히 일해."

한덕은 웃으면서 이야기했다.

김지숙도 일을 열심히 하는 편이라, 좋은 충고로 새겨들었다. 명심해야 할 이야기라고 생각했다.

그러다가 불쑥 응급의료에 관한 이야기를 꺼냈다.

"내가 응급의료체계를 구축한다고 했는데, 잘 못 했나? 남이 했으면 더 잘했을 것인데……."

"할 이야기가 응급의료밖에 없어요?"

김지숙은 한덕을 몰아붙였다. 한두 번 들은 것이 아니기 때문이다.

"나는 이렇게 살아서 응급의료밖에 몰라."

응급의료를 이야기하면서 스스로 물었다. 응급의료에 대한 그동안의 과정을 회상하며 안타까운 마음이 들었다.

"내가 응급의료를 위해 그동안 일을 해왔는데 바뀐 것이 없는 것 같아……. 내가 잘 못 하는 것 아니니?"

"아, 참, 그런 것 아니라니까!"

한덕이 괴로워하고 많이 울었던 대부분은 "내가 잘 못 해 응급의료가 이 정도 왔나?" 이런 말을 할 때였다.

자기 스스로 응급의료체계 구축에 대한 현재의 모습을 이야기하면서 스스로 만족을 못 했다. 자신으로 인해 더 망가졌을 수도 있다는 생각이 끊이지 않았다.

응급의료 발전을 위해 많은 일을 했지만 아쉬웠다. 자신을 결코 치켜세우는 일이 없었고, 최선을 다했는지 스스로 돌아봤다.

"내가 잘하고 있는 걸까?"

"너무 완벽하게 하려고 하지 마세요. 이 정도로도 충분해요."

김지숙은 한덕을 안심시켰다. 아니, 안심이 아니라 실제 그랬다. 윤한덕 덕분에 응급의료가 많이 발전했다고 생각했다. 그러나 완벽주의자인 한덕의 눈에는 현재 응급의료의 모습이 늘 마음에 차지 않았다

"지숙! 내가 응급의료만 너무 이야기하는 것이 마음에 걸리니? 응급 이기주의인가?"

답이 나오지 않을 것을 뻔히 알면서도 어떤 때는 스스로 자문자답했다. 그리고는 힘들다며 자주 울었다. 김지숙의 눈에는 한덕의 고민이 부쩍 늘어난 것 같이 보였다. 좀처럼 울지 않던 그였다. 아무리 아파도 아프다고 호소하지 않던 그였다. 힘들어도 엄살 부리지 않던 그였다. 그 시기, 그의 주변 사람들이 하나둘씩 갑자기 죽는 것을 보게 된 것도 한덕을 더욱 슬프게 만들었다.

"이러다 나 진짜 죽을 것 같다. 너무 힘들다."

2018년부터 한덕은 부쩍 더 힘들었다. 전남대 의대 선배인 허탁에게도 고통을 호소했다.

"형, 저 이러다가 곧 죽을 것 같아요. 오래 못 살 것 같아!"

"야! 너, 일 좀 적당히 하고, 잠 좀 푹 자라. 그리고 운동 좀 해라."

아이돌 스타와 같았던 레지던트 시절의 잘생긴 꽃미남 한덕의 모습은 없었고, 푸석푸석한 얼굴에 배는 많이 나온 중년의 모습만 있었다. 레지던트 때 한덕의 별명은 '어린 왕자'였다. 순수하고 고운 피부

를 가졌다는 의미도 있었다.

 허탁은 그 모습을 지금도 잊지 못한다. 한덕이 진짜 죽을 수도 있을 것 같은, 그런 표정을.

 한덕의 평상시 살아가는 삶 자체는 항상 고통에 가득 차 있었다. 응급의료 발전이라는 사명을 달성하기 위해 본인이 열심히 하지 않으면, 안 된다고 생각했다.

 어느 날 자신의 아파트 한가운데 흩날리는 태극기를 보며 한덕은 아내 영주에게 말했다.

 "여보, 저기 아파트 한가운데에서 흩날리는 태극기 보여?"

 "응, 보이는데……."

 "저 모습이 나하고 비슷한 것 같아."

 "왜?"

 "혼자 계속 날리고 있는 모습이 나를 꼭 닮은 것 같아……."

 영주는 그 말의 의미를 어느 정도는 알 수 있을 것 같았다. 힘들어하는 남편의 모습을 보며 안타까웠다.

 복지부 과장 현수엽은 응급의료과장으로서 보직을 마치고 2015년 태국에 있는 UN ESCAPESCAP(국제연합 아태 경제사회위원회)에 파견 갈 예정이었다. 한덕은 그동안 고생했다고 감사의 배지를 만들었다. 그러나 현수엽은 태국으로 급하게 들어가면서 배지를 받지 못했다. 나중에 귀국하고 받았다.

현수엽이 태국에 있을 때 한덕의 카카오톡 프로필 상태 메시지는 상당 기간 '나도 안식년 가고 싶다~'로 적혀 있었다. 현수엽은 마음이 안쓰러웠다. 한덕은 아직도 고생하는데 자신만 빠져나온 것 같아 미안했다.

3년 뒤 2018년, 한의약정책과장으로 복귀했다. 오랜만에 만난 한덕의 모습은 뱃살이 많이 나왔고 건강이 좋아 보이지 않았다.

"센터장님 좀 쉬세요."

어떻게든 쉬라고 권했다.

응급의료과장에게도 이야기해야 할 것 같았다. 찾아가 윤한덕을 쉬게 해달라고 말했다.

"윤한덕 센터장님, 좀 쉬게 해주셔야 할 것 같습니다. 얼굴이 너무 좋지 않아요!"

한덕은 자신이 쉬면 그 자리를 메꿀 사람이 없다고 생각하는 것 같았다. 자신이 없는 응급의료는 생각하기 싫었을 것이다. 쉬는 게 쉽지 않았다. 현수엽은 지금은 후회하고 있다.

"내가 나선다고 크게 바뀌지 않았겠지만, 윤한덕 센터장님이 쉴 수 있도록 어떻게든 신경을 더 썼어야 했는데……."

한덕은 소신대로 일하는 것을 좋아한다. 직원들에게 보고서를 쓰라고 한 뒤 잘 된 아이디어가 나오면 흐뭇했다. 직원들에게 인간적으로 잘했다.

그러나 일에 너무 지쳤다. 사람에게도 고통을 받았다. 본인의 몸과 마음이 무척 힘들다는 것도 알았다.

이를 극복하기 위해 운동으로 지친 몸과 마음을 다스릴 생각이었다. 비록 1개월밖에 하지 못했지만 2018년 말 헬스클럽에 다녔다. 그러나 한덕의 번아웃은 끝내 막지 못했다.

번아웃 증후군 Burnout syndrome

의욕적으로 일에 몰두하던 사람이 극도의 신체적·정신적 피로감을 호소하며 무기력해지는 현상이다.

장시간 노동하면 정상노동보다 2배 정도 심혈관계 질환을 일으킬 가능성이 크다는 연구결과가 있다. 스칸디나비아 노동환경센터는 아시아국가에서 주 55시간 이상 일하면 40시간 이하 근무자보다 우울증 발생률이 1.5배 이상 높다고 발표했다.

주 최대 80시간 이상 수련하지 못하도록 규정한 '전공의 특별법'이 도입되면서 레지던트들은 조금 숨통이 트였다. 전공의 특별법은 1주일에 80시간으로 근무를 제한하며(교육적 목적시 최대 88시간까지 가능) 36시간 이상 연속근무를 금지했다. 하지만 주 80시간도 적지 않은 근로시간이다. 다양한 질병에 노출될 확률이 높다.

산업재해와 직무 간의 관련성을 평가할 때 주 평균 60시간 이상 근무하면 뇌·심혈관 질병과 관계가 크다는 것이 의료계의 대체적인 분석이다.

한덕이 인턴, 레지던트를 할 당시만 해도 수련의들의 주 100시간 이상의 살인적 근무는 레지던트 과정에 있는 사람은 누구나 겪었다. 그러나 전문의를 따면 생활이 편해졌다. 한덕은 전문의를 따면 편안한 생활을 할 수 있었는데도 그 길을 택하지 않고 스스로 험난한 과정을 숙명처럼 받아들였다.

그의 근무시간은 사망 이전 3개월 동안 주 평균 122시간이었다.

사직
백의종군

한덕은 지쳐갔다. 그럴 때마다 일을 그만두고 싶었다. 그는 중앙응급의료센터 근무 17년 동안 3번의 사의를 병원에 공식적으로 표명했다 (파악되지 않은 것이 더 있을 수도 있다). 2010년 8월, 2016년 3월, 2018년 10월. 그러나 매번 받아들여지지 않았다.

  행정을 너무 오래 해 이제는 현장에서 환자를 돌보고 싶다는 말도 자주 했다. 그런 말을 할 때는 병원에서 무언가 스트레스를 받을 때였다. 힘들 때마다 사표를 낸다고 아내에게 말했던 것이 10번이 넘었다. 하지만 과감히 센터를 떠날 수 없다는 것은 누구보다 자신이 더 잘 알고 있었다.

  그가 아니면 이 일을 할 사람이 없다고 생각했을까. 물론 다른 사람이 했다 하더라도 응급의료의 발전은 이루어졌을 것이다. 그러나 한덕이 했던 것처럼 응급의료의 기틀은 아직 마련하지 못했을 가능성이 크다. 또 응급의학과 출신 의사들도 응급의료에 관심은 많았지만 누가 나서서 할 상황은 아니었다. 열악한 현실을 지켜보기는 했지만 올 사람은 없었다.

한덕은 일에 부딪히고 갈등을 겪으면서 센터를 그만두고 싶은 마음이 들었다. 답답하니까 그런 소리를 했다. 진짜 그만두고 싶어서 말한 것은 아니었다. 주로 일이 제대로 진행 안 되거나, 복지부나 국회, 학회와 충돌이 있을 때, 사직 이야기를 꺼냈다.

대학교 후배인 임정수 가천의대 교수는 한덕에게 물었다.

"형! 왜 여기 계속 있으세요?"

"……."

"그러지 말고 대학 가세요, 대학은 사람 구하지 못해서 난리에요. 그동안 이해관계 때문에 충돌도 있었으니까, 큰 대학 가지 말고 작은 대학에 가세요."

"대한민국 응급의료체계 잘 만들어야 한다. 조금만 하면 우리나라 응급의료 더 잘할 수 있어."

한덕은 일하는 것이 즐거웠다. 하고 싶은 일이었으니까. 하지만 사람과의 관계는 괴로웠다. 그를 힘들게 한 것은 사람이었다. 일도 일이지만, 한덕은 사람과의 관계 때문에 힘들었다. 사람과의 관계가 그를 사지로 몰아넣었다. 센터장을 종신형처럼 계속하는 것도 싫었다.

미래를 어떻게 꾸며야 하는지 비전이 점점 없어지며 지쳐갔다. 비전이 없다고 생각하면서 응급의료 발전을 위한 노력과 의지도 점점 꺾여나갔다. 맡은 일은 너무 많았다. 열심히 해봤자 세상이 바뀌지도 않는다고 자책했다. 2012년 센터장이 된 뒤 일이 옆으로만 늘어나기만 했지 정작 한 일은 없는 것 같았다. 일은 엎질러져 있고, 내부 일도 하나씩 정리하는 것도 필요했다.

'내가 지금 떠나면, 더 큰 조직이 생길 수 있다. 이보 전진을 위한 일보 후퇴를 해야 한다. 내가 여기에 더 있으면, 매너리즘에 빠질 줄 모른다.'

스스로 자책했다.

공공기관에서 일하는 것도 질렸다. 복지부와 응급의료를 둘러싼 다자간 입장에서 절충하는 것도 힘들었다. 복지부와 일하면서 일이 일그러지는 것을 계속 지켜보는 것도 안타까웠다.

다른 인생을 살아보고 싶었다. 정년까지 남은 세월은 10년. 그만하겠다고 생각하니까 이러면 안 되는데 점점 책임감이 떨어진다고 느꼈다. 하고 싶은 일이 점점 없어지는 것만 같았다.

센터장을 안 하면 밖에서 할 일이 많다고 생각했다. 자신을 이어받아서 맡아줄 수 있는 사람이 마땅치 않아 지금까지 버티고 있었다. 그렇지만 응급의학과 후배인 윤순영이 오랫동안 센터를 지켜왔다. 윤순영을 센터장으로 시켜 두 달 정도 백업을 해주고 2019년 2월까지만 다니면 될 것으로 생각했다.

더 이상 버티고 앉아 있으면 후회하면서 나갈 것 같았다. 나이가 더 먹기 전에 다른 일을 할 생각이었다. 좀 쉬고, 환자 보는 법을 배우고 싶었다. 제주도나 고향인 해남, 친구와 선·후배들이 많이 있는 목포 등에서 환자를 돌보는 일을 할 계획이었다. 아니면, 강원도 산골 요양원에서 월급을 받는 봉직 의사로 의사를 마치고 싶었다.

요양병원은 치료하기 어려운 환자들을 입원시키지만, 의사와 간호사가 적은 곳이다. 어쩌면 삶의 마지막으로 거쳐 갈 장소가 될지도 모를, 요양병원에 입원해 있는 어르신들을 잘 보내드리기 위해 그곳으로 갈 계획이었다. 치매 환자의 인생도 모두 값지고 소중하다고 생각했다. 어르신들을 곁에서 돕고 싶었다.

"한분 한분 잘 보면, 늙어도 열 개의 인생이 모여있는 곳이 요양병원이다. 엄청나게 많은 이야기가 있다. 그분들처럼 인생의 종착역에 오신 분들은 몇 명 없다."

주위 사람들에게 가끔 이렇게 이야기했다.

한덕은 요양병원에서 근무하려고 마음먹었다. 쉬고 싶은 마음도 들었다. 태어나서 부과된 의무보다 더 많은 일을 해 이제는 자신의 생활을 하고 싶었다. 여행도 가고 오토바이도 타고 다니기를 바랐다. 그런 것 못해보고 죽는다면 원통할 것 같았다.

한덕은 처음에는 중앙응급의료센터를 완전히 떠날 마음을 먹었다. 하지만 주위의 요구와 응급의료 발전을 위해서는 센터에 남아 있는 것이 나을 것 같아 센터장 자리만 물러나고 백의종군하기로 계획을 바꿨다.

2018년 11월 결국 보직 사퇴를 선언한다. 한덕은 중앙응급의료센터 전 직원들이 참여하는 단체 카카오톡 방에 뒷선으로 물러나겠다는 글을 올렸다. 2018년 11월 8일이었다.

직원 여러분께 전합니다. 여러분에게 먼저 알렸어야 하나, 그동안 원장님을 비롯한 원내 간부님들과 조율하는 시간이 필요했습니다.
알고 계신 대로 저는 올해 12월까지만 중앙응급의료센터장 직을 수행할 것입니다. 제 결심은 충동적인 것이 아니며, 오랜 시간 동안 고심한 끝에 내린 것입니다. 중앙응급의료센터장으로서의 사명보다 더 필요한 게 있다고 판단했기 때문입니다. 그리고 일을 하려면 센터장으로서의 관리 책임을 어느 정도 벗어야 한다는 게 제 결론입니다.
예정대로라면 윤순영 실장이 내년부터 센터장 또는 센터장 업무대행으로 센터 운영을 맡게 될 것입니다. 다행히 원장님이 허락해주셨습니다.
여러분, 저는 중앙응급의료센터를 떠나 다른 일을 하려는 게 아닙니다. 의료원 내 다른 보직을 맡으려는 것도 아닙니다. 윤순영 실장을 곁에서 도와 맡은 임무를 해낼 수 있도록 지원하려 합니다.

여러분의 뜻을 묻지 않아 죄송합니다만, 언제까지 이 답답한 결계와 같은 상황을 질질 끌어가고 싶지 않아 결심한 것입니다. 저는 앞으로도 중앙응급의료센터의 소속직원으로서 백의종군할 계획이며 센터장으로서 하기 어려운 작업에 매진하려 합니다. '자리가 사람을 만든다.'라는 말을 저는 믿지 않으며, 하고자 하는 일에는 어떻게든 방법이 있다고 믿습니다.

여러분께 부탁드립니다. 센터장이 바뀐다고 흔들리는 조직은 정상적인 조직이 아닙니다. 여러분이 지금껏 해오신 대로 묵묵히 여러분의 일을 하면 됩니다. 제 사임에 대해 어떤 억측도 하지 않으시길 바라며, 제 입에서 나오는 말만이 저의 진심이라는 걸 새겨주시면 감사하겠습니다.

여러분께 설명할 수 있는 자리를 꼭 가지고자 합니다. 그때까지는 궁금하시더라도 기다려주시면 감사하겠습니다.

한덕이 직책을 내려놓는다는 소식은 응급의료 관계자뿐만 아니라 그의 페이스북 지인들에게 널리 퍼졌다. 한덕이 페이스북에 센터장을 그만두겠다는 글을 올렸기 때문이다.

주위에서 한덕에게 센터장을 계속하라는 요구가 많았다. 아주대 의대 교수 이국종도 한덕이 중앙응급의료센터장을 그만두는 것을 반대했다. 센터장에서 내려오면 대한민국의 응급의료체계가 무너질 수 있다고 우려한 것이다. 평생을 응급의료 발전을 위해 목숨을 걸었던 그가 물러나는 것을 바라지 않았다. 조금만 더 버텨달라고 말했다.

한덕의 조카도 페이스북에서 이 소식을 봤다. 어머니에게 삼촌이 힘들어한다는 것을 말했다.

"힘들면 그만두면 되지."

"그렇게 말하지 마세요."

"직장 생활이 다 힘들어야."

"한덕이 삼촌, 그 직위를 내려놓는다고 하는데……."

"내려놓으면 어딜 간데?"

"내려놓고 백의종군한다고 하던데."

"그것이 말이 된다냐? 거기서 똑같은 일 하려면 뭐하러 백의종군해. 직장생활하면서 사표 쓰려고 생각하는 사람이 한 둘인 줄 아냐?"

전남대 의대 교수 민용일은 제자인 한덕에게 힘들면 화순전남대병원으로 내려오라고 했다.

"넌, 한없이 일만 할 거냐? 힘들면 내려와야! 내가 니 자리 하나 못 만들어 주겠냐?"

하지만 중앙응급의료센터에 남아서 팀을 하나 맡아 못해본 일을 집중적으로 하고 싶었다. 하나의 일만 전념하면서 현재의 응급의료의 문제점을 개선할 계획이었다.

한덕은 평소 센터장이라는 자리에 연연하지 않았다. 오히려 거추장스러운 짐일 뿐이었다. 복지부에도 센터장 자리를 윤순영에게 넘기고 싶다는 의사를 타진했다. 국립중앙의료원 정기현 원장에게도 센터장을 그만두고 팀장으로 일하겠다는 의사를 밝혔다.

한덕의 책임감은 그를 중앙응급의료센터를 떠나지 못하게 만들었다. 센터장은 그만하지만 일은 계속할 생각이었다. 테스크포스Task Force, TF 팀장을 하면서 개선할 일을 하고 싶었다. TF팀을 만들어 몇 가지 일을 하려고 했다. 우선 시스템 개선 TF를 할 생각이었다. 그래도 되지 않으면 센터를 떠날 작정이었다. 자신의 주장을 관철하려면 센터장으로 있으면 안 된다고 생각했다. 응급의료 주요 현안 해결을 위해 선택과 집중을 할 계획이었다. 한덕이 하는 일은 조직 운영, 맡은 일을 하는 것, 맡겨져 있지 않지만 해야 할 일, 이렇게 크게 3가지였다.

윤순영이 센터장의 직무를 잘 수행할 수 있도록 뒤에서 돕기로 했다. 자신은 응급의료에 불거지고 있는 문제를 해결할 생각이었다. 응급환자, 정신질환자, 소아환자 대책을 마련하고 싶었다. 센터장 직책은 중요하지 않았고, 해야 할 시급한 과제에 집중할 계획이었다. 그렇게 하지 않으면 평생 고통 속에 아무 일도 못 할 것 같았다.

윤한덕은 당초 센터장을 그만두면, 아니 그만두지 않고 팀장으로 있더라도, 여유를 내서 가장 먼저 대학동아리 동기들과 한탄강에서 낚시와 캠핑을 할 계획이었다. 몸과 마음이 너무 지쳤기 때문이다.

한덕은 한탄강 근처에서 1년 동안 군의관으로 활동했다. 한탄강은 한덕의 추억이 고스란히 남아 있는 곳이라 더 애착이 많았다.

2012년도에도 한탄강으로 막내 처제 내외, 장모, 큰 처제가 함께 휴가를 가기도 했다. 그때 비가 많이 왔다. 캠핑카를 빌리고 허름한 숙소를 예약했다. 내리는 비를 보면서 70~80년대 노래를 한덕 부부와 처제 부부 4명이 각자 불렀다. 한덕은 술에 취하면 흥에 취한다. 술을 마시면 목욕탕에서 노래도 불렀다. 밝고 놀기 좋아한 스타일이었다. 평소 한탄강에 대한 그리움으로 우수憂愁에 빠져 있을 때가 가끔 있었다.

한탄강에 대한 향수는 그를 그곳으로 다시 이끌었다. 2019년 3월에 친구들과 함께 한탄강에 가는 것으로 구체적인 날짜도 잡았다. 별을 보면서 밤에 술을 먹고 그동안 쌓였던 피로를 풀 생각이었다.

그러나 약속 예정시간 한 달을 앞두고 고인이 돼 그 꿈을 이루지 못했다.

제4부

생(生)과 사(死)

제12장

인간 윤한덕

한덕은 대인관계에 주력하는 것보다, 일에 관심이 많았다. 윗사람이나 다른 사람에게 잘 보일 생각도 없었다. 승진과 출세는 한낱 짐에 불과했고 오로지 응급의료만을 생각했다.

업무와 관련해 이권개입을 하려는 사람을 지극히 경계했다. 일에는 엄격했고 어떤 편법도 통하지 않았다.

가정에서는 자상한 남편이자 아빠였다. 아이들의 교육도 간섭하지 않았다. 아내가 잘하고 있다고 생각하기 때문이다. 아이들이 스스로 잘 성장하기를 바랐다. 그도 그렇게 자랐다. 가정교육을 잘 받았다며 어머니에게 항상 고마워했다.

직장 동료와 후배들에게는 엄격하기도 했지만 자상했다. 업무용 법인카드는 아예 쓰지 않고 사비를 털어 공적인 업무도 봤다.

의사 후배들을 도와줬다. 그중 이국종도 있었다. 이국종의 열정을 아꼈다. 공공기관에 있으면서 제대로 된 의술을 펼칠 수 있도록 측면

지원 해주고 싶었다. 응급의료 관련 업종에서 일하고 있는 사람들을 위해 항상 세심하게 배려했다.

마음속에는 주위 사람들에 대한 그리움이 많았다. 한덕은 대학 동문들, 동아리 흐름Y 선·후배들을 많이 그리워했다. 민용일도 그의 스승이었지만, 존경한다는 표현 한 번 못했다.

국립중앙의료원 부장 김지숙은 한덕에게 말했다.

"센터장님! 좋아하는 사람들에게는 좋아한다는 그런 표현을 하세요."

"나 그런 것 못하는 건, 너도 잘 알잖아?"

김지숙에게 말했지만 정작 좋아하는 사람들에게는 말하지 못했다.

"나는 사람들 챙기지도 못하잖아? 이번 생은 이렇게 살 수밖에 없다. 내 마음은 그런 건 아닌 것, 알지? 표현해 본 적이 없어 어떻게 해야 할지 모르겠다. 사람들을 많이 생각하고 있는데 표현하는 방법을 몰라, 어떻게 해야 할지 몰라······."

가족

자상한 아버지

한덕은 가족에 대한 책임감과 함께 미안함이 있었다. 아이들에게는 더 미안했다. 죄책감 때문에 가족에게 힘들다는 것을 말하지 않았다.

치아가 좋지 않았고 허리도 아팠다. 혈압도 약간 있었지만 대수롭지 않게 여겼다. 일에 치여 치료를 받을 여유를 내지 못한 것이다.

한덕은 집에서 아예 화를 내지 않았다. 한 번은 그런 일이 있었다. 새벽 5시 무렵에 한덕과 아내 영주 사이에 사소한 언쟁이 벌어졌다. 영주는 한덕에게 불만을 이야기했다. 한덕은 싸우기 싫어 대답을 안 하고 그냥 밖으로 나갔다. 영주는 너무 화가 났다. 남편이 대답을 안 하고 피하니까 더 답답했다. 부부가 싸우기도 해야 서로 이해하고 가까워지는데 너무 말을 안 하니까 답답한 노릇이었다.

한덕은 싸움을 피해 밖으로 나갔고, 영주는 곧바로 뒤따라 나섰다. 아파트를 돌고 있는 한덕을 따라 영주는 계속 말을 붙였지만, 한덕은 전혀 대꾸도 안 했다. 한 시간을 넘게 따라다니며 말을 붙였지만 묵묵부답이었다. 영주는 포기하고 결국 싸움은 크게 번지지 않았다.

영주와 한덕은 다른 사람들에게 나쁜 말을 들으면 속으로만 앓지 말을 하지 않는 스타일이다.

한덕은 집에서 화가 날 일이 없었을 것이다. 오히려 가족들에게 못한 것에 대한 미안한 감정이 많았다. 아이들과 놀아주는 것이 아빠가 기본적으로 해야 할 일이라고 생각했는데 잘하지 못해 미안했을 뿐이다.

중앙응급의료센터가 막 생겼을 때 한덕은 토요일 오후에 집에 왔다가 월요일 새벽에 사무실로 갔는데, 어느 순간 일요일 밤에만 집에 왔고 바로 센터로 갔다.

집 근처에 영주의 친정 식구들이 다 모여 살고 있어 영주는 다행히 외로움은 덜 했다. 한덕도 처가 식구가 집 근처에 살고 있으니 부담이 적었다. 본인이 없어도 아내가 자매들과 친정어머니를 의지할 수 있어 좋았다. 그러나 둘째 아이가 초등학교에 들어가면서 영주는 외로웠다. 늘 혼자인 것이 답답했다. 남편이 아이하고 놀아줬으면 하는 바람도 있었다. 그 시기 영주는 힘들었다.

남편은 일에 대한 책임감이 강한 사람이었지만 가정에서는 아이들 교육 등 모든 것을 민영주에게 맡겼다. 아내를 믿고 자기 일에 집중할 수 있었다.

영주는 일상적인 삶을 사는 주위 사람들이 부러웠다. 퇴근하고 들어오는 남편을 위해 아내는 맛있는 식탁을 차리고 가족과 함께 밥을 먹는, 누구나 하는 일상을 하지 못하는 것이 아쉬웠다.

남편이 자주 집에 들어오기를 바랐지만 쉽지 않았다. 그러나 주말에 집에 들어와 아이들과 놀아주었다. 둘째 아이가 초등학교 다닐 때 스티로폼과 달력을 활용해 모형 비행기를 만들어 날렸다. 모형 비행기에 페인트를 칠해 모양을 만들어가면 아이들이 좋아했고 한덕도 흐뭇했다. 둘째 아이가 중학교 2학년 때까지 모형 비행기를 만들어 집으로 가지고 갔다. 아이들에게 다정다감하고 관심이 많았다. 일요일이 무척 소중하고 의미 있는 날이었다. 가족들을 볼 수 있고 잠시지만 많은 이야기를 나눌 수 있어 좋았다.

큰아들 형찬은 안양 신성고 재학 3년 동안 기숙사에만 있었다. 토요일에 기숙사에서 나와 일요일에 다시 들어갔다. 일요일에 기숙사로 들어갈 때 한덕은 형찬을 차로 기숙사까지 태워주고 사무실로 출근했다. 밤 10시 정도에 큰아들을 태우고 고교 기숙사를 데려다주며 많은 대화를 나눈 것이 즐거움이었다. 15분간의 대화가 아들을 알 수 있는 유일한 자리였고 한없는 행복이었다.

그 짧은 시간 동안 많은 이야기를 나누는 과정에서 한덕은 소름 끼칠 정도로 자신을 닮아가는 큰아들을 보았다. 아들이 가끔 고민을 털어놓을 때마다 "넌 크면서 느끼는 생각이 나랑 똑같아, 닮았어!"라고 말했다.

　형찬은 간혹 아버지가 자신의 페이스북에 응급의료 현안에 관한 생각을 남기면, 조용히 '좋아요'를 누르며 응원했다. 형찬은 짧았지만, 아버지와 그런 기억이라도 있어서 좋았다.

　형찬은 연세대 기계공학과를 입학했다.

　센터의 일이 늘어나면서 한덕은 주말에도 집에 들어가지 못하는 것이 일상이 되었다. 일요일 저녁 사무실에서 퇴근해 15분 정도 집에서 저녁 먹고 이내 쓰러져 잠들었다. 아내와는 일주일에 고작 15분 정도 이야기하는 것이 전부였다. 밤 11쯤 다시 일어나 옷가지를 챙겨 병원으로 간 뒤 새벽 4시까지 일을 하고 잤다. 스트레스는 많았고 잠은 항상 부족했다. 집에 못 갈 때는 영주가 옷을 챙겨 병원으로 가져왔다.

　영주는 처음에는 남편이 집에 들어오지 않아 힘들었는데 차츰 마음을 바꿨다. 남편이 자신보다는 환자를 먼저 생각하는 사람이라는 것을 잘 알았기 때문이다. 헛된 생각을 하지 않고 응급의료의 발전만을 위한 사람이라는 것을 누구보다도 잘 알았다. 대신, 건강을 위해 운동은 꼭 하라는 말은 당부했다.

　한덕은 아이들에게 잔소리하지 않고 스스로 알아서 하는 것이 바람직한 교육이라고 생각했다. 본인도 그렇게 자라왔으니까. 자신은 일만 했고, 집에 오면 첫 마디가 "형우야 학교에 무슨 일 없었어? 재미있는 일 없어? 여자 친구 없어? 시험 잘 봤어?" 그런 말만 했다. 아이들 교육은 아내 영주가 다 책임져 한덕은 일에만 전념할 수 있었다. 아이들도 착했고 자신이 맡은 일은 스스로 다 처리해 문제가 없었다.

둘째 아들 중학교 졸업식 때도 한덕은 가지 못하고 아내 혼자 갔다. 가족 행사를 혼자 하는 것도 영주에게는 이젠 익숙했다. 남편과 마지막 통화는 2019년 2월 1일 밤이었다. 형우가 입학할 고교를 발표한 날이자 중학교 졸업식이 있는 날이었다. 형이 다닌 고교를 지망했는데, 안 됐다. 카카오톡으로 '거기 안 됐다.'라고 영주가 전하자마자 전화가 왔다. 평소에 카카오톡을 잘 안 보는 사람이었다. 한덕은 '어쩔 수 없지!'라며 둘째 아들과 통화하면서 위로하려 했는데 옆에 아이가 없어서 못 했다.

그것이 마지막이었다.

한덕은 명절 연휴 때면, 명절 전날 어머니가 계시는 광주에 저녁 늦게 도착한다. 다음 날 아침 일찍 다시 고향인 해남으로 차례를 지내고 서울로 올라왔다.

누나들과는 10년 이상을 제대로 이야기하지 못했다. 누나들이 시댁에 먼저 들리고 친정에 가면 한덕은 언제나 떠나고 없었다.

"일이 바쁘다고 해도 그렇게 바쁠까?"

누나들은 한덕을 이해할 수 없었다.

처가도 마찬가지였다. 명절 때 처가에 잠깐 있다가 영주는 평촌을 가고, 한덕은 바로 병원으로 왔다. 저녁 먹고 4~5시간 머물다 자정에 병원에 다시 돌아왔다.

막내 동서 장큰별은 한덕과 친해지고 싶었지만 어떻게 해야 친해질 수 있는지 몰랐다. 한덕이 워낙 바쁘기도 해 명절 아니면 얼굴도 볼 수 없었다. 그러던 어느 날, 응급의료에 관해 말을 하니까 한덕은 이야기보따리를 술술 풀었다. 그래서 알았다. 형님에게는 응급의료를 이야기해야 한다는 것을. 한덕은 응급 관련 이야기를 하면 관심 있고 흥미 있게 들었다. 그 외에는 전혀 관심이 없었다.

어느 명절 때 이국종으로부터 전화가 걸려왔다. TV 소리 등으로 시끄러우니까 밖으로 나가 소곤소곤 전화를 통화했다. 담배도 피울 겸 해서 나가서 받은 것이다.

"야 너희 아빠, 아무리 바빠도 이렇게 바쁘냐? 너희 아빠, 혹시 간첩 아니냐?"

동서 장큰별은 한덕의 둘째 아들 형우에게 농담으로 말했다.

한덕이 숨지기 두 달 전, 영주는 남편에게 물었다. 진짜 하고 싶은 것을 물어보는 일종의 버킷리스트였다.

"만약에 내일 죽는다면, 오늘 마지막으로 무엇을 먹고 싶어?"

"소고기미역국 먹고 싶다. 어머니가 담아 주신 젓갈 많이 넣은 김치도 실컷 먹고 싶어."

이어서 말했다.

"청계천에 늘어져 있는 포장마차에서 파는 시장 음식이 맛있다. 나중에 그것 사줄게!"

한덕은 언젠가 아내를 데리고 가 사주겠다고 약속했다.

못다 한 효도

아버지 윤재태는 위암으로 서울아산병원에 입원할 계획이었지만, 아산병원은 환자의 상태를 판단한 뒤 입원해야 한다고 안내했다. 아버지는 할 수 없이 아들이 있는 국립중앙의료원에 입원하는 게 편하고 나을 것 같았다. 2주 정도 입원했다.

한덕은 아침, 저녁 한 번씩 아버지를 보러 잠깐씩 들렀다. 병원에 있으면서도 자주 가지 못했다. 영주는 매일 시아버지가 입원해 있는 국립중앙의료원을 찾았다.

병원 입원 후 며칠이 지난 어느 날, 윤재태는 아내 최차남에게 갑자기 역정을 냈다.

"한덕이는 나를 여기다 데려다 놓고, 마치 손님 병문안 온 것처럼 하고 그냥 가버린다냐?"

"일이 바쁜 사람 아니요. 당신이 이해하지 그래요."

"아무리 이해할라고 해도 그렇지…….."

"한덕이가 술 먹느라고 그란 것도 아니고, 일이 바쁜 사람인디…… 한덕이가 옆에 있다고 해도 당신이 더 나을 것도 아닌디…….."

아버지를 보러 간 잠시마저도 한덕의 전화는 계속 울려댔다. 이 때문에 잠깐의 시간도 아버지와 충분히 있지 못했다.

한덕은 아버지에게 제대로 효도를 다 하지 못한 것 같은 죄책감이 느껴져 두고두고 후회했다.

윤재태는 국립중앙의료원에 2주간 머물다 둘째 며느리가 있는 광주 하남성심병원으로 옮겼다. 입원 중 위독한 상태가 왔고, 곧 돌아가실 것 같았다. 아버지가 위독하다는 소식을 가족 모두에게 전했지만, 한덕은 밤 8시 정도 도착했다. 이때도 일이 많아 늦은 것이다. 그때 누나들은 늦게 온 한덕에게 화가 많이 났다.

"일 때문에 늦게 왔네."

한덕은 늦게 도착해 아버지에게도, 가족에게도, 모두 미안했다.

한덕이 도착한 이후, 윤재태는 손자 형찬이를 마지막으로 보고 생을 마쳤다. 2015년이었다.

한덕은 자신을 불효자라고 생각해 통곡하며 눈물을 흘렸다. 원래 한덕은 소리 내 울지 않는 스타일이었지만 천붕天崩은 어쩔 수 없었다.

한덕의 어머니 최차남은 2016년 추석에 내려온, 얼굴이 검어진 아들을 보고 걱정했다.

이후 건강을 당부하는 전화를 자주 했다.

"한덕아! 너 건강 좀 챙겨야 쓰겠다. 얼굴도 너무 안 좋다."

"어머니, 제 걱정하지 마세요. 제가 이런 계통에 있으니까, 엄마보다 더 건강하니까 건강 걱정하지 마세요."

"나는 니가 걸린다. 건강 검진 다 받고, 건강 체크 잘해라."

"제가 의사인데, 걱정하지 마세요."

어머니를 안심시켰다.

그러나 최차남은 아들이 걱정됐다.

"의사가 자기 건강 못 챙긴다고 안 그라냐."

"어머니, 알았어요."

최차남은 다른 형제들과 달리 한덕이 멀리 있어, 많이 챙겨주지 못한 것이 안타까웠다. 다른 아이들은 모두 가깝게 살아 챙겨줄 수 있어서 마음 아픈 것이 덜 했다. 그러나 한덕에게는 김치 하나밖에 맛있게 담아 준 것 외에는 없다고 생각했다.

한덕은 어려서 먹었던 어머니의 김치맛을 잊지 못한다. 어머니가 담근 김치가 제일 맛있었다. 한덕은 농담으로 어머니에게 이야기했다.

"엄마, 서울 오셔서 식당을 하시면 돈 많이 버실 겁니다."

한덕의 고향 해남은 바닷가여서 낙지, 꼬막, 망둥이 등이 풍성하다. 그는 항상 해산물을 먹고 자랐다. 생선찌개, 꽃게 장, 꼬막, 낙지 등 해산물을 좋아했다. 어렸을 때 입맛이 커서도 그대로 이어졌다.

2018년 추석, 광주 어머니 집에서 한덕은 김치만 놓고 혼자 술을 마시고 있었다.

"다른 안주도 많은디, 왜 김치만 놓고 술을 마시고 그라냐? 무슨 일 있냐?"

어머니는 아들이 왠지 이상하다고 생각했다.

한덕은 잠깐 안방으로 들어가더니 어머니의 이부자리를 깔아드렸다.

"엄마! 어떤 것이 엄마 이불이에요?"

어머니는 이상한 생각이 들었다.

"야가 왜 그런다냐?"

이상했다.

"오늘은 엄마한테 잠자리를 봐 주고 싶어요."

그것이 마지막으로 본 아들 한덕의 모습이었다.

가족 여행

2019년 1월 15일 밤 JTBC 뉴스 손석희 앵커는 뉴스룸의 시작을 알리는 오프닝 멘트를 날렸다.

오늘 뉴스룸의 시작은 어찌 보면 이국종 교수가 준 미션이라고 볼 수 있을 것 같습니다. 살 수 있었던 아이들을 보내야 했던 아버지들의 절규, 어제 뉴스룸에서 들려 드렸습니다. 정부는 이런 불행을 막기 위해서, 수천억 원의 예산을 들여서 지역별로 권역외상센터를 만들었죠. 전국 17군데로 지정된 권역외상센터들은 무너진 응급진료의 최후의 저지선이라고 할 수 있을 것입니다. 하지만 외상분야 국내 최고 권위자로 불리는 이국종 교수의 말은 매우 충격적이었습니다.
이국종 교수(JTBC 뉴스룸, 2018년 11월 8일) "집중취재 같은 것으로 해서 한번 들여다보시면, 한 번만 들여다 봐주시면 그게 더 중요하다고 봅니다. 그러면 한번 그 예산이 어디로 갔는지를 한번 보십시오. 그게 어떻게 됐나?"
그래서 저희 탐사 보도팀은 이 교수를 비롯한 의료전문가들과 함께 지난 2달 동안 권역외상센터의 현실을 낱낱이 취재했습니다. 실상은 이 교수의 말보다 더 참혹했습니다. 사용할 수 없는 수술실에 이름만 올려놓은 의료진, 그리고 정작 중증외상환자를 거부하는 외상센터······.
···(하략)···

정부가 심혈을 기울여 막중한 예산을 들여 추진하고 있는 권역외상센터의 문제점을 들춰낸 보도였다. 그 보도를 접하고 난 뒤 한덕은 '올 것이 왔구나!' 혼잣말로 중얼거렸다. 예견된 일이었다. 한덕이 수

시로 느낀 문제였고 보도가 나갈 것을 이미 알고 있었다. 기자가 보도 이전에 취재를 위해 전화했기 때문이다.

JTBC 뉴스는 '이름만 수술실, 환자는 거부……. 최후 저지선, 외상센터 충격 실태'라는 내용으로 보도했다.

그 시각 영주는 일주일 앞으로 다가온 가족 여행을 준비하고 있었다. 남편과 군 복무 중 휴가를 나올 큰아들, 둘째 아들, 이렇게 4명의 가족이 모두 모여 모처럼의 가족 여행을 갈 수 있어 마음이 부풀었다. 2박 3일 동안 속초 등을 둘러볼 계획이었다.

한덕의 가족은 여행을 자주 못 했다. 가끔 겨울에 1박 2일 정도 스키장이나 콘도 등을 가는 것이 전부였다. 이때도 예전에 갔었던 오래된 강원도 펜션을 다시 갈 생각이었다.

막내 제부가 영주에게 전화했다.

"그 오래된 펜션 왜 또 가세요? 속초에 싸고 좋은 곳 많아요. 켄싱턴 리조트 예약해드릴 테니까 거기로 가세요."

그곳으로 정했다.

JTBC 보도가 나간 이틀 뒤 영주는 낮에 갑자기 한덕으로부터 전화를 받았다. 평일은 거의 전화하지 않던 남편이었다.

"평일 날 웬일이야? 웬일로 전화했어?"

"JTBC 보도 때문에 여행을 못 갈 것 같아."

"휴가도 못 갈 정도로 그렇게 심각해?"

"월요일부터 외상센터 수시점검 다녀야 할 것 같아. 아이들한테 미안하다. 형찬이도 아쉬워하겠지."

한덕은 평소 외상센터와 관련해 인건비 지원 점검하고 3년마다 재지정을 검토하자고 복지부에 몇 번 이야기했었다. 하지만 반영되지 않았다가 이제야 핀셋 점검을 하자고 해 불만이었다. 터질 것이 결국 터졌다고 생각했다.

권역외상센터 문제점이 JTBC에 보도됐고, 복지부 점검이 떨어지는 바람에 오래전부터 계획을 세웠던 2박 3일의 휴가는 며칠을 남기고 없던 일이 됐다.

한덕은 외상센터 점검을 위해 내부회의, 유관기관 회의 등에 참석했다. 사망하기 10여 일 전이었다. 당시 권역외상센터 담당 실무팀장도 휴가 일정이 있었다. 한덕은 실무팀장에게는 휴가를 예정대로 다녀오라고 했지만, 본인은 휴가를 포기했다. 센터장으로서의 책임감 때문이었다. 당시 한덕은 지칠 대로 지쳐있었다. 번아웃의 상황이었다. 하지만 소명감으로 휴가도 반납했다. 휴가를 통해 몸과 마음의 휴식을 취했다면 살 수 있었는지도 몰랐다. 권역외상센터 점검을 본인이 굳이 가지 않아도 상관없었다.

가족 여행을 위해 큰아들은 일부러 군대에서 휴가를 나왔고, 둘째 아들은 고교를 입학하기 때문에 앞으로 가족이 한꺼번에 모이기는 쉽지 않았다.

휴가가 무산되자 한덕은 아쉬웠고 가족들에게 너무 미안했다. 한덕의 잘못은 아니었지만 그래도 가족들에게 미안한 마음이 들었다.

영주는 한덕에게 미안해하지 말라고 했다.

한덕만 빠지고 영주, 형찬, 형우 이렇게 3명이 강원도로 휴가를 떠났다. 1박만 머물고, 영주는 형우만 데리고 다음 날 부산에 내려갔다가 하루 뒤 올라왔다.

그러나 그것이 가족들과 함께 갈 수 있는 마지막 여행이 될 줄은 한덕, 영주, 아이들 모두 꿈에도 몰랐다.

영주는 회상한다.

'그때가 마지막이었는데…… 그때 갔었으면 대화도 많이 하고 추억도 많이 남았을 것인데…… 아이들도 아쉬워했는데…….'

취미

한덕의 가장 좋아하는 취미는 모형 경비행기를 아주 작고 가볍게 만들어 좀 더 멀리, 오랫동안 날리는 것이다. 한때는 '부르주아들이 즐기는 것'이라는 좋지 않은 소리도 들었다. 그러나 제작비가 거의 들지 않았다. 한덕은 아이스박스를 주어, 그것을 접어서 얇게 모형 비행기를 만들었다. 핸드폰 배터리 남는 것 있으면 분해해 제작에 최대한 활용했다. 배터리를 경비행기에 넣어야 동력을 유지할 수 있다. 저울에 올려놓고 무게를 계속 재가면서 모형 비행기를 만들었다.

한때는 윤한덕의 이름으로 네이버 카페를 만들어 회원들과 정보를 공유했다. 꼼꼼하게 모형 경비행기를 만들어 회원들에게 노하우를 알려줬다. 센터의 법인화 이후에는 바빠서 인터넷 카페 활동도 하지 못했다.

2011년 6월 24일, 오랜만에 카페에 남긴 글이다.

> 그간 인사드리지 못했습니다. 제가 없으니 작품 활동들이 뜸하시군요.
> 저도 좋은 봄날을 그냥 보내버렸네요. 사실 비행기를 두 대 만들었습니다만, 자랑할만한 게 없어 그냥 몰래(?) 날렸습니다.
> 요즘은 헬기 띄우느라 시간을 많이 쓰고 있습니다. RC가 아니고 실제 날아가는 헬기입니다. 전공이 아닌 일을 하다 보니 그저 닥치는 대로 해결하고 있습니다. 예상했던 것보다 걸림돌이 무척 많네요. 9월 1일을 목표로 하고 있는데 그때까지 또 무슨 문제가 생길지 불안합니다.
> 도입 예정 기종은 유로콥터의 EC-135인데, 우리나라에는 처음입니다. 8인승의 중급 헬기로 내부를 개조하여 응급환자 이송에 사용될 것입니다. EC-155나 AW-139처럼 헬기가 크면 기상변화에 좀 더 안전하겠지만 앉을 수 있는 곳에 제한이 많아집니다. 비슷한 제원으로 BK-117b 기종이 있는데 그건 우리나라에 이미 몇 대 들어와 있습니다.

한덕은 취미인 모형 비행기를 만드는 이야기할 때가 제일 행복했다. 초미니 경비행기를 만드는 이야기를 항상 재미있게 늘어놓았다.

"모형 비행기는 조그맣게 만들어 오랫동안 날게 하는 것이 기술의 핵심입니다."

한덕은 복지부에서 근무했던 사무관 박재성에게 모형 비행기 만드는 비법을 이야기했다.

"가볍게 만드는 것이 기술이기 때문에 대나무를 아주 얇게 잘라서 비닐로 작업해야 합니다. 그리고 조향장치도 만들어 조종 모듈도 만들어야 하죠."

모형 비행기 만드는 과정을 소개하면 표정이 밝아졌다. 퇴근하고 모두가 없는 밤에 경비행기를 만들어 어떤 때는 실내에서 날렸다. 모형 비행기 만드는 것, 그 과정을 설명하는 것이 즐거움이었다. 그러나 2012년 센터장이 된 이후로는 그나마 이 취미마저 할 수 없었다. 너무 바빴기 때문이다.

닥터헬기는 한덕의 모형 비행기 만드는 취미가 확대된 것일 수도 있다. 이국종에게도 모형 비행기 만드는 이야기를 자주 했다. 이국종도 관심이 많았다.

한덕은 한때 유행했던 과거 RC Radio Control(전파나 적외선을 이용해 일정 범위 내에서 원격으로 조종하는 완구) 기체의 비행기를 설명하면서 조정 서보 servo(제어 대상이 되는 장치의 입력이 임의로 변화할 때, 출력을 미리 설정한 목푯값에 이르도록 자동으로 제어하는 장치)에 대해 말했다. 비행기 방향을 살짝 바꿔 주는 것이다. 가볍게 만든 모형 비행기를 보고 즐거운 표정으로 말했다.

"국종, 이것 봤어? 어때, 멋지지!"

소년처럼 환해졌다.

한덕이 유일하게 열정적으로 좋아하는 취미는 모형 비행기를 만들어 날리는 것이었다. 이국종이 있을 때 가끔 잔디밭에서 날렸다.

한덕은 이국종을 만나면 모형 비행기 만드는 것과 응급의료 및 외상 관련 정책을 어떻게 만들 것인가, 주로 두 가지만 이야기했다.

선·후배
동료

솔선수범

2010년 8월 중앙응급의료센터에 입사한 김승현은 윤한덕을 보자마자 냉철하고 예리한 눈빛을 가진 사람이라고 생각했다. 얼굴은 앳되어 보였지만 엄정함이 배어 있었다. 일과 관련해 직원이 잘못하면 질책했고 칭찬은 거의 하지 않았다. 처음에는 직원들과 같이 술도 안 먹었고 일할 때는 냉엄했다.

"내가 아무 말 하지 않으면, 너희들이 잘한 줄 알아라."

그런 식이었다.

칭찬에 인색했다. 따뜻함보다는 일로 대하려는 경향이 많았다.

김승현이 입사했을 때 직원은 1개 팀 6명이었다. 의료원 안에 한 팀으로 있었다. 한덕은 뛰어다니면서 업무를 하는 스타일이었다. 시간이 지나면서 업무가 늘어났고 법인화 이후 170명까지 직원이 늘어났다. 직원이 많아지면서 한덕은 직원들을 대하는 것이 달라졌다. 고충 상담도 하면서 따뜻한 이미지가 더 늘었다. 중앙응급의료센터에 대한 국민의 관심도 높아지면서 성격도 점점 바뀌었다. 처음 봤을 때와 지금의 이미지가 완전히 변했다.

그러나 그때나 지금이나 변하지 않은 것은 직원들의 고민을 다 들어준다는 점이다. 직원들이 면담을 신청하면 한 번도 거절하지 않고 다 받아줬다. 무슨 일이든 다 들어주었고 개인적인 이야기도 해주었다. 잔정이 많았다.

직원들이 일하면서 너무 힘들어 사직서를 제출하는 일이 가끔 있었다. 장한석도 마찬가지였다. 한덕은 장한석을 붙잡고 동네 형처럼, 나중에 보면 별일이 아닐 것이라고 위로했다. 이 때문에 관두려고 했던 사람들이 다시 일하는 일이 많았다. 직원들을 빨아들이는 성격이었다.

회의 자리에서 한덕은 직원들에게 공개적으로 이야기했다.

"여러분들이 하고 싶은 이야기가 많을 것으로 압니다. 하지만 여러 사람이 있으면 말을 못 할 것입니다. 개인적으로 하고 싶은 이야기가 있으면, 아무 때나 연락을 주거나 메일로 보내주세요."

같이 고민하고 이야기해보자고 직원들에게 자주 말했다. 직원들이 어려운 일 있으면 면담할 때 '본인이 힘든 것을 이야기하지 말고 이를 어떻게 해결해 주면 좋겠다.'라는 방법론을 제시해달라고 했다.

갓 입사한 직원들의 심정을 이해하려고 해도 잘 모르기 때문이다. 애로사항의 해결책을 방법까지 구체적으로 알려주기를 바랐다. 사전에 막자는 취지였다. 직원들 사이에 무슨 일이 일어나고 있는지 알고 싶었다.

한덕은 마음이 여렸다. 능력이 부족한 사람에게도 기회를 계속 줬다. 일들은 자체 팀에서 해결해야 하는데 그렇지 못하고 센터장이 결정해야 하는 상황까지도 있다. 결정 못 하고 한덕을 의지하는 사람이 갈수록 많아졌다. 마음이 여려서 쉽게 직원들을 내치지 못한다. 직원들이 눈물로 울면서 이야기하면 약해졌다. 강할 때는 강해야 하는데 그렇지 않았다. 한덕이 일을 너무 솔선수범해서 하니까 직원들도 열심히 일할 수밖에 없었다.

기획을 좋아해서 미션을 주고 사례조사, 통계를 내고, 직원들이 정리한 것 보내주면 야근을 하면서 자료를 수정하는 일이 많았다. 새벽까지 작업해 직원에게 다시 보내줬다. 밤낮으로 직원들이 보낸 문서를 일일이 보고 의견을 줬다. 이 사업은 이런 식으로 가는 것이 좋다, 이 같은 조언을 많이 해줬다. 업무에 대한 열정적인 모습이 많았고 방향 제시도 잘했다.

지역에서 간담회가 있어 참석을 요청하면 언제든지 달려갔다. 서울에만 있는 것이 아니라 전국을 계속 돌아다녔다. 만약 못 가면 직원을 많이 믿는다고 용기를 불어넣어 주며 응원했다.

직원이 많이 늘어나면서부터는 직원들에게 야근하지 말라고 말했다. 본인은 야근해도 상관없지만, 직원들까지 강요하지는 않았다.

한덕은 남을 탓하지 않고 일이 있으면 자기가 먼저 한다. 불만을 이야기하지 않고 솔선수범한다. 위에서 군림하지 않고 본인이 직접 일하는 스타일이다.

2013년 11월 강력한 태풍 '하이옌'이 필리핀 전역을 휩쓸었다. 중앙응급의료센터는 대한민국 해외긴급구호대KDRT 의료팀의 첫 해외 파견 임무를 맡았다. 아무런 매뉴얼이 없고 인력도 없던 시기였다.

윤한덕은 인천응급의료지원센터 이인학에게 파견 전에 의료품 및 물자를 챙기라고 한 뒤 인천 물류창고까지 직접 찾아가 이인학과 같이 짐을 쌌다. 담당도 있었지만 이틀간 짐을 싸는 일을 도와줬다.

"인학아! 미안하다. 이렇게 많고 힘든 업무를 맡겨서 미안하지만, 현실이 그렇구나. 우리가 고생할수록 응급의료는 분명히 나아질 거야. 난 아이티 지진 때 일주일을 밤새웠다. 대신 나도 같이 밤샐게. 끝나고 사우나나 같이 다녀오자."

비록 해외이지만 사람의 생명이 달린 일이기 때문에 한 치의 오차도 있으면 안 된다고 이야기했다.

직원들은 열심히 일했고, 한덕도 관리자라고 거만하게 무게 잡지도 않았다.

북유럽에 출장을 갔을 때 한덕은 주무관이랑 방을 같이 쓰면서 실무자처럼 뛰어다녔다. 지역에 심폐소생술CPR 훈련을 하면 본인이 직접 시범을 보이고 질문도 많이 했다.

  한덕은 관리자급 지위였고 센터 내에서는 가장 높은 자리에 있다. 그런데 실무자보다 더 자세히 업무를 파악하고 있다. 실무자보다 업무를 더 많이 챙겼다. 실무자끼리 만나면 "센터장님이 세밀하게 지적해 몸 둘 바를 모르겠다. 할 말 없다."라고 했다. 높은 자리에 있으면 보통 책임 범위가 넓어졌고 시야를 넓게 봐야 해 세부적인 면까지 챙기지 못한다. 한덕은 그렇지 않았다. 넓게 보지만 세부를 꼼꼼히 들여다본다. 복지부와 중앙센터가 추진하려는 방향이 다르다면, 한덕은 실무자에게 직접 전화해 설득한다. 직급에 상관하지 않고 담당 주무관, 사무관에게 전화한다. 보통 공공기관은 팀장 정도가 사무관급과 주로 업무를 논의한다. 한덕은 그렇지 않았다.

  복지부가 시키지 않는 일도 했다. 매번 명절 때마다 복지부에서 지시하거나 뭘 만들어내라고 하지 않았는데도, 스스로 명절 때 해야 할 일을 먼저 챙겼다.

  직원들에게 '빨간펜 선생님'처럼 하나하나 체크 하면서 지도한다. 문서에서 틀린 부분이 나오면 지적했고 즉석에서 문장을 불러줄 때도 있었다. 뭐가 틀렸으니 이런 형태로 써라, 틀린 문장 없이 다 불러줬다. 직원들은 그런 사람을 만나기가 쉽지 않았고 한덕으로부터 일을 많이 배웠다.

한덕은 직원들에게 일을 시키면서도, 항상 고마움을 잊지 않으며 보답했다. 직원들에게 밥도 사주고, 야근하고 늦게 가는 날 개인 돈을 털어 2만~3만 원씩 택시비도 줬다. 2015년 메르스 때 독하게 일을 시키면 5만 원을 주는 일도 있었다. 직원들은 성취감을 느꼈고 한덕의 배려에 감사해 불만이 적었다.

청렴

한덕은 국립중앙의료원 내의 식구인 김지숙과 국립중앙의료원 고위간부들과 함께 식사한 적이 있었다. 그런데 고위간부 중 한 명이 식사 후 계산대에서 법인카드를 내지 않는가?

한덕은 버럭 화를 냈다.

"왜 우리끼리 밥을 먹는데, 법인카드를 쓰세요? 당장 취소하세요."

"센터장님, 그럴 수 있는 것 아니예요?"

옆에 있던 김지숙이 민망해 끼어들었다.

"너 왜 편들고 있냐?"

김지숙을 야단쳤다.

민망한 김지숙이 얼른 나서 밥값을 계산했다.

그 이후 선배든, 직장상사든 법인카드를 조심스럽게 썼다.

한덕은 법인카드를 사용하지 않고 사비를 들여 직원들에게 밥을 산다. 업무가 아니면 직원들이 법인카드로 식비를 결제하지 못하게 했다. 센터장이 업무추진비로 사용할 수 있는 법인카드가 있는데도 가지고 다니지 않았고, 법인카드를 아예 쓰지 않았다. 법인카드로 직원들 밥을 적당히 살 수도 있었는데 사적인 용도라며 쓰지 않았다. 자신이 무너지면 직원들이 다 무너지고 풀어질 수 있다는 믿음이 확고했다.

한 달에 연구비가 100만 원 정도 들어오면 직원들에게 밥을 샀다. 하지만 한 달에 쓰는 돈은 200만 원 정도다. 부족한 돈은 마이너스 통장을 하나 만들어 충당했다. 그의 사망 이후 마이너스 통장에는 1,000여만 원의 빚이 남았다.

이런 일도 있었다. 모 대학 응급의학과장이 국립중앙의료원 근처에 와서 직원들과 같이 밥을 먹었는데 농담으로 이런 말을 했다.

"형은 진짜로 전세 사는 것 맞아요?"

"뭐……, 뭐라고?"

한덕은 어이가 없었다.

"집에 가면 소렌토 말고, 외제 차 모르게 숨겨둔 것 아니세요? 또 아파트도 70~80평에서 사는 것 아닙니까?"

평상시 조용한 성격인 한덕은 무척 흥분했다.

"농담도 그런 농담 마라. 네가 내 삶을 알아?"

분위기는 험악해졌다. 직원들은 이렇게 민감하게 반응하는 건 별로 못 봤다. 그 자리는 바로 마무리됐다.

한덕은 농담이어도 그런 말을 싫어한다. 오해받는 것을 좋아하지 않았다.

2018년 말 서울남부지검 수사관이 한덕에게 전화했다.

"윤한덕 센터장님이시죠?"

"네, 누구시죠?"

"서울남부지검 수사관입니다."

"무슨 일 때문에 그러십니까?"

대수롭지 않다는 듯 물었다. 으레 있는 일이었기 때문이다.

2015년 메르스 사태 때 이동형 병원과 구급차 구입 때 입찰에 참여했던 한 업체가 고발한 것이다. 선정된 업체와 중앙응급의료센터가 유착관계가 있다는 내용이다.

그러나 걱정이 없었다. 해명하라고 하면 깔끔하게 했다. 원하는 대로 되지 않으니까 불만을 품은 업체들은 행정소송으로 가는 일도 있었다. 한덕은 물품구매 관련 업체 사람들과 오해받을 행동은 전혀 하지 않았다. 업체 사이 경쟁에서 진 업체가 투서를 내면 해명하느라 다소 귀찮기는 하지만, 본인이 떳떳하니까 전혀 문제가 없었다.

한덕의 살아생전 마지막 카카오톡 프로필 상태 메시지는 다음과 같이 적혀 있었다.

'김영란법의 연착륙을 기대하며……'

배려

한덕은 일과 관련한 것에는 엄격하지만 후배들은 개인적으로 잘 챙겨줬다. 모 대학 의대 교수로 있던 후배가 매너리즘에 빠져 중앙응급의료센터에서 일하고 싶다고 찾아온 적이 있었다.

"왜 힘드냐?"

"네."

"그래도 잘 참아. 대학이 좋다."

힘들어하는 후배에게 밥과 맥주를 사주고 돌려보냈다.

다른 사람도 몇 명 더 있었지만, 용기를 북돋우며 다독였다.

"가서 열심히 연구에 몰두해라."

중앙응급의료센터는 선호하는 자리가 아니라 오히려 기피한다. 응급의학과 의사들조차도 차라리 응급실에 환자를 보는 것이 낫지 센터는 오지 않으려 한다. 그만큼 힘든 곳이다. 그러나 이들이 힘들어도 오려고 하는 이유는 선배인 한덕의 밑에서 일을 제대로 배우고 싶기 때문이다.

매너리즘에 빠져 이 상황을 벗어나고 싶어 찾아가가면, 한덕은 인생에 도움 되는 이야기도 해주고 술도 사준 뒤 돌려보낸다. 충동적으로 결정하지 말라는 의미다.

가끔 후배에게 챙겨주지 못해 미안하다고 말했다.

"너에게 내가 잘 못 해줘서 미안하다. 의사에게 맞는 일을 주든지, 아니면 행정시스템을 완벽히 가르친 뒤 책임을 맡겼어야 했는데…… 똑똑한 후배는 내가 잘 케어해 성장할 수 있도록 해 줬어야 했는데……."

그렇지 못했다며 미안해했다. 다른 직원을 배려했듯이 같이 일했던 다른 의사들도 조금만 더 배려했어야 했는데 그렇지 못함을 후회했다.

함께 일하는 직원들에 대한 배려도 있었다. 복지부가 대통령상, 장관상 수상 대상자로 한덕을 여러 번 추천했는데, 본인은 고사하고 직원에게 돌렸다. 직원들이 상을 받게 되면 승진도 더 잘 될 수 있었다. 이 때문에 자기 대신 직원들이 받기를 원했다. 메르스 공로로 나온 총리상도 거부하고 구급차 운전을 담당하는 직원에게 넘겼다. 복지부에서 대통령 훈장을 추서했는데도 거절하면서 이를 장관상 3개로 나눠달라고 요구했다. 본인의 상은 취소하고 직원들 3명을 추천해 장관상을 받았다. 한덕은 훈장과 대통령상을 여러 번 받을 기회가 있었지만 몇 번 거절하다 2018년에서야 대통령상을 받았다.

의료용어 같은 사소한 부분도 신경을 썼다. 의사들은 회의하면 의학 전문용어를 쓰면서 말하는 것이 대부분이다. 그러나 한덕은 될 수 있으면 의학용어를 사용해 회의하지 않았다. 직원들이 의학전문용어를 모르기 때문이다. 불가피하게 의료용어를 사용할 상황이면 직원들이 모두 알 수 있도록 의학용어를 친절하게 설명했다.

보이지 않게 인사문제도 챙겼다. 물론 일부 직원들은 인사에 불만이 있었다. 모두에게 똑같은 혜택을 줄 수는 없는 일이었다. 하지만 적어도 인사에서도 공평해야 한다고 생각했다.

한덕은 직원들의 애환이 무엇인지 알려고 했다. 윗사람에게는 강한 편이었고, 직원들에게는 너그러웠다.

직원들에게 말했다.

"나는 의사로서 이곳에 들어왔기 때문에 아랫사람의 입장을 한 번도 경험해보지 못했다. 일반 평직원들이 어떤 것을 통해 동기부여가 되는지, 어떤 것이 필요한지 나는 잘 모른다. 그래서 직원들의 어려움이 무엇인지 자꾸 들어야 내가 알 수 있다."

다만, 직원들에게 'NO'라고 거절할 때는 "그 이유는 이것 때문이다."라고 정확히 설명하고, 시간을 두고 다시 요청하라고 말했다. 몇 개월 준비한 후 요건이 갖추어졌으면 그때는 도와줬다.

조직관리에도 신경을 썼다. 직원 이인학에게 물었다.

"인학, 내가 조직관리를 과연 잘하고 있니?"

잘하고자 노력하는데, 직원들이 실제 느끼고 있는 것을 듣고 싶어 묻는 말이었다.

"직원 한명 한명이 원하는 조직을 만들고 싶은데 어렵다. 일은 내가 열심히 하면 되는데 조직관리는 너무 어려운 것 같다."

직원의 가정사까지도 신경 안 써도 되는데 그런 것까지도 고민했다. 자녀가 있다면 조금 더 편의를 봐줬다.

의사들이 토론회 같은 곳에서 이기적인 말을 할 때면, 참석했던 시민단체 대표 등에게 상처받지 말라고 위로한다. 상처받을 만하면 전화하거나 만나서 이야기했다. 의사가 아닌 일반인에게 자세히 정책을 설명하며 협조를 이끌었다.

의료 관련 종사자들에 대해서도 세심하게 배려했다. 조종사들이 헬기를 조정하며 평생 위험에 노출돼 살아야 한다는 것까지 걱정했다. 닥터헬기의 야간운항을 우려했다. 이국종의 안전은 물론 조종사들의 안전까지 생각했다.

한번은 국정감사를 앞두고 국회의원 비서관에게 말했다.

"헬기 운항을 직업으로 삼은 분들에 대해 배려해주셨으면 합니다. 헬기는 언제 사고가 일어날지 모르기 때문에 안전한 수단은 아닙니다. 국감 질문으로 인해 운항하는 사람들의 안전을 너무 심하게 저해하는 방침이 결정되는 건 곤란할 것 같습니다. 닥터헬기 운항을 책임지고 있어 국정감사에서 비난이 쏟아진다면, 모든 것을 제가 다 책임질 수 있도록 해주십시오."

근검절약

2016년 6월, 재난 관련 선진국의 의료를 살펴보기 위해 윤한덕을 비롯한 중앙응급의료센터 직원, 의대 교수, 보건복지부 공무원 등이 함께 서유럽 출장을 갔다.

출장 실무팀장은 김정언이었다. 김정언은 의사이자 응급의료사업팀장이었지만 본인이 직접 모든 것을 다 알아봤다. 통역, 숙소, 출장 일정 등을 모두 짰다. 밑에 있는 직원들을 시킬 수 있었지만 직접 본인이 해야 직성이 풀리는 스타일이었다. 출장 전부터 빡빡한 일정으로 이동 동선을 짜는 것은 물론 결과보고서도 작성했다. 중앙응급의료센터 직원은 공공기관에 근무하는 준공무원이었기 때문에 출장비는 공무원여비업무 처리 규정에 맞췄다. 숙소를 정하는 것도 마찬가지다.

김정언은 숙소를 일일이 알아보고 공무원 출장 규정에 맞춰 2인 1실을 기본으로 예약했다. 그중 프랑스에서 머물 숙소를 결정할 때 비교적 싼 곳을 발견한다. 1인 1실로 사용해도 2인 1실 기준 요금보다 저렴했다. 비용이 오히려 더 쌌고, 여비 규정에도 어긋나지 않았다.

김정언은 일행들에게 자랑스럽게 공지했다.

"2인 1실을 사용하니까 불편하시죠? 규정상 어쩔 수 없다는 것, 잘 아실 것입니다. 그런데 2인 1실을 사용하는 숙박비보다 더 저렴한 곳을 찾았습니다. 그리고 그곳으로 예약했습니다. 지금까지 고생했지만, 이번에 숙박하는 곳은 1인 1실이니 편하게 쓰세요. 숙소비용이 싸서 그렇게 했어요."

일행들은 1인 1실을 사용할 수 있어 기분이 좋았다. 김정언도 내심 흐뭇한 표정이었다. 직접 발품을 팔아 좋은 숙소를 안내하니 뿌듯했다.

숙박 이후 다음날 기차를 타고 목적지를 향하는 도중에 윤한덕은 김정언을 불렀다. 이동하는 기차 안에서 김정언에게 물었다.

"정언! 숙박지 결정한 것 왜 그렇게 했니?"

"네?"

"1인 1실 사용하는 것 말이야!"

"뭐가 잘못됐나요?"

"숙박비가 싸게 나오더라도 2인 1실로 쓰게 해서 나랏돈을 더 아껴야지, 어떻게 1인 1실의 숙소를 쓸 수 있어? 나랏돈을 내 돈처럼 아껴야지……."

이 말을 듣고 김정언은 화가 나기도 하고 억울했다.

'내가 소소한 부분까지 챙기며 힘들게 준비했는데…….'

자신의 순수함을 알아주지 않자 야속하고 속상해 계속 울었다. 기차가 다음 목적지까지 도착하는 내내 혼난 것이 억울했다.

한덕은 옷도 계속 한 가지만 입고 다녔다. 멋을 낼 필요가 없었다.

여름에는 와이셔츠에 편한 캐주얼복 차림으로 다녔고, 티셔츠는 잠옷 겸 평상복이었다. 겨울에는 국립중앙의료원에서 직원들에게 일괄적으로 나누어 줬던 겨울용 야상점퍼를 항상 입고 다녔다. 겨울 점퍼는 지긋지긋하게 안 바꾸었다.

장한석은 한덕에게 말했다.

"센터장님! 점퍼가 많이 낡았으니까 바꾸시려면 말씀해주세요."

"괜찮다. 아직 입을 만하다."

제13장

일상의 고민

'의사'라는 직업

의사 직업은 화려하다. 부의 상징이며, 입신양명할 수 있는 길이다. 이 때문에 많은 사람이 의대에 진학하려고 노력한다. 의대에 진학하면 대부분 의사의 길을 갈 수 있다. 그러나 그 내면은 어려움이 있다. 의사라고 해서 무조건 성공하는 것은 아니다. 실패하기도 한다.

보통 의과대학 6년, 인턴 1년, 레지던트 4년 등을 거치면 11년이 훌쩍 지나가 버린다. 남자들은 군대까지 가면, 의사가 되기까지 14년을 기다려야 한다. 물론 인턴, 레지던트 과정을 거치지 않아도 되지만, 레지던트 과정까지 마치는 사람들이 많다. 한 번도 쉬지 않고 달렸을 때 남자들은 30대 중반이 되어서야 비로소 전문의 의사의 길에 접어들 수 있다.

그렇다면 의사의 길로 접어들었다고 해서 모두 성공의 길을 달릴까? 그렇지 않다. 보통 레지던트 이후 자신의 구체적인 진로를 선택

한다. 돈을 좇을 것인가, 명예를 택할 것인가, 아니면 편하게 봉직의로 선택할 것인가, 갈림길에 어떤 선택을 할지 망설인다. 전공을 선택할 때도 치열하게 고민해야 한다.

남들이 보기에는 의사라는 직업이 화려하게 보인다. 그러나 의사라는 직업은 결코 만만한 직업이 아니다. 돈을 많이 벌어도 지출이 그만큼 많다.

수련을 받는 의사들은 적은 월급을 주며 상대적으로 많은 일을 시킨다며 불평했다.*

"목숨 걸고 환자를 진료하는데, 먹고 살기가 빠듯하다. 인턴 때와 레지던트 때 월급은 적다. 의료수가도 낮다."

대체로 이런 불만이다.

의학은 질병으로부터 건강을 지켜주는 숭고한 학문이다. 의사는 국민의 건강 유지를 기본으로 하는 직업이다. 의사 본연의 사명감으로 무장한 채 그 길을 가다 보면 돈은 물론이고 삶이 고달프다. 이 때문에 쉬운 길을 택하기도 한다.

죽을 만큼 희생할 사람만 의사냐? 의사들은 대부분 그렇지 않다고 이야기한다.

잇따르는 의사들의 과로사를 해결하기 위해 의사 숫자를 늘리는 것도 필요하다는 의견도 있다. 그러나 의사협회는 의사를 늘리는 것

---

* 지금은 윤한덕이 수련받을 때 보다 월급을 훨씬 더 많이 받는다.

을 반대한다. 지나친 경쟁으로 가면 의사 개개인의 수익이 감소할 것을 우려하기 때문이다.

경제협력개발기구OECD 가입국들의 인구 1,000명당 의사 수는 평균 3.4명이다. 한국은 2.3명으로 꼴찌다. 지역 간 편차도 심하다. 서울은 인구 1,000명당 3.0명인데 반해 강원도는 1.7명, 경남과 전남은 1.6명에 불과하다.*

한덕은 2017년 6월 23일 페이스북에서 의사 수와 관련해 의견을 밝혔다.

> 의협 회비 내기 싫어진다. 인구 밀도가 세계 최고 수준인 나라에서 들출 통계가 없어서 고작 면적 당 의사 밀도를 현재의 문제라 제시하는 건가? 진짜 이게 문제라 여기는 건가, 아니면 국민을 바보라 여기는 건가? 이런 접근이 의사라는 면허집단을 보편타당성에서 더 멀어 보이게 한다는 걸, 아직도 깨닫지 못하고 있는 걸까? 우리나라에 의사 수가 많다는 걸 의사 말고 누가 동의한다고 생각하는 걸까? 아니 그보다, 남보다 좋은 입시점수에 전문의가 되기까지 십 년 이상 과학을 공부한 사람들이 이렇게 비균형적 자기주장을 할 만큼 우리 사회의 지성이 바닥난 게 개탄스럽다. 의료법에서 의료인 단체 가입규정 없애 달라. 내 회비 받아 고작 이런 망신스러운 포스터 찍고 있다는 게 십 원이라도 아깝다.

---

* 경제협력개발기구(OECD)에서 발표한 「OECD 보건통계(Health Statistics) 2019」.

국민 1인당 의사에게 외래진료를 받은 횟수는 연간 17회로 경제협력개발기구OECD 회원국 평균 7.4회보다 2.3배 높다.*

우리나라 의사 수가 다른 OECD 국가보다 적지만, 증가율은 최근 급격히 증가하고 있다. 2013년을 기준으로 최근 5년간 인구 100명당 활동 의사 수의 연평균 증가율은 3.1퍼센트로 OECD 회원국의 평균인 0.5퍼센트보다 6배 이상 높았다.

대한의사협회는 우리나라의 현재 의사 인력은 부족하지 않고 인력의 과잉공급이나 초 공급과잉을 우려해야 한다고 주장하고 있다. 윤한덕과 의협의 해석에 차이가 있다. 의료를 바라보는 관점과 철학에 따라 약간 다를 수 있는 것이다. 한덕과 같이 공공의료 측면에서 바라보면 의사 수가 부족하다고 말할 수 있다. 농어촌과 같은 의료취약지와 공공보건의료 분야 등에서 의사 수가 적다고 보는 것이다.

그러나 의협은 OECD 회원국 중 우리나라 의사 수는 적지만, 최근 5~10년간 의사의 증가율은 높아지면서 이에 따른 부작용이 발생할 수도 있다고 우려한다.

의사를 많이 늘렸을 때, 공급과 수요의 균형을 맞추기 위해 원치 않는 진료가 이루어질 염려가 있다는 것이다. 의사가 많이 늘어나면, '경계선에 있는 환자'**의 입원 또는 수술 비율이 높아질 수 있다. 의

---

* 위 자료.
** 입원해도 되고 안 해도 되는 환자, 수술해도 되고 안 해도 되는 환자 등 의사의 해

사의 공급을 늘리면 환자의 수요를 더 창출하는 현상이 불가피하게 발생할 가능성이 있다. 병원에서는 수익 창출을 위해 경계선에 있는 환자들에게 입원과 수술을 더 많이 유도하려고 하기 때문이다.

아무튼, 의사의 수와 의사의 증가율을 둘러싸고 해석은 다양하게 할 수 있고, 이에 대해 한번은 생각할 부분이다.

전공의들은 근로자이자 수련을 받는 교육생이라는 이중적 지위의 특수성으로 인해 1주일에 최대 88시간까지 근무하고 있다. 주 52시간 근무제도가 시행되고 있지만, 보건업은 노사합의를 하면 주 52시간 근무를 적용하지 않아도 되는 특례업종으로 분류됐다.

한덕은 투철한 사명감이 있었기 때문에 많은 시간을 일했지만, 본인의 건강을 조금 돌보면서 했으면 훨씬 오래 더 많은 일을 했을 것이다. 그러나 정작 본인은 직원들의 돌봄도 없이 홀로 떠났다.

석에 따라 판단이 달라질 수 있는 중간쯤에 있는 환자를 '경계선의 환자'라고 표현했다.

병원과 경영

병원은 이윤에 따라 움직인다. 외래환자는 경영상 돈이 되지만, 응급환자가 많으면 오히려 운영해도 손해다. 응급실은 울며 겨자 먹기 식으로 운영할 수밖에 없다. 그나마 정부에서 주는 응급의료기금을 받아야만 운영이 원활하다. 한덕은 이런 부분을 항상 고민했다.

2018년 12월에 열린 국회 토론회에서 "응급의료 문제를 생각하면 참담하다. 내가 병원장이라도 의사 1명이 응급실 환자 2명을 돌보는 것보다 외래환자 200명을 진료하는 것을 택하겠다."라고 말했다.

(주)젬백스&카엘 대표이사 송형곤은 2019년 2월 7일 언론사 '청년의사'에 기고한 글에서 다음과 같이 적었다.

…(상략)…

중앙응급의료센터가 출범한 초창기에는 응급의학과 의사들 사이에서 환자 진료를 하지 않는 중앙응급의료센터가 꼭 필요한 것인가에 대한 회의가 많았다. 또한 그 당시는 응급의학과 전문의 수가 그리 많지 않아 대학병원 교수로 임용되기에 어려운 시기가 아니었다. 그럼에도 불구하고 윤한덕 센터장은 그 역할과 위상이 모호한 중앙응급의료센터의 응급의료기획팀장으로 합류했다. 솔직히 말하자면 나도 응급의학과 동료나 선배 의사들과 마찬가지로 그에게 칭찬과 격려를 하지 못했다. 잘 안될 거라고 생각했으니까……

하지만 그는 죽을힘을 다해 중앙응급의료센터를 16년 이상 이끌어 왔고 지금의 위상을 갖게 했다. 누가 뭐라고 하든 그가 대한민국 응급의료체계를 확립한 장본인이라고 생각한다.

나는 4년 전 중앙응급의료센터 전원조정센터 당직 전문의로 참여하면서 그와 많은 이야기를 하게 됐다. 평상시 그의 머릿속은 늘 응급의료에 대한 생각으로 가득 차 있었다.

그가 힘들어했던 것이 과연 물리적인 업무의 양이었을까? 절대 그렇지 않을 거라 생각한다.

그는 응급의학과 의사들에게는 의사이기 전에 공무원이 되어버린 사람으로 인식되었고, 공무원들 사이에서는 세상 물정 모르고 관료사회를 모르는 이상주의 의사로 알려졌다.

응급의료체계 개선을 위한 회의나 공청회를 가보면 응급의료체계에 대한 전문가라고 하는 대학교수들은 대형병원 입장을 대변하고, 중소병원 응급의학과 전문의들도 자신이 속한 병원의 이익을 위한 발언을 서슴지 않는다. 누구도 응급의료체계를, 환자를 위한 하나의 큰 그림으로 이해하려는 사람이 없다. 윤 센터장을 제외하고는.

또한 법을 만드는 국회의원이나 정책을 결정하는 보건복지부 관료들, 예산을 책정하고 집행하는 기획재정부 관료들 누구도 응급의료체계를 치안이나 소방과 같은 사회안전망으로 보지 않고 고비용 저효율의 돈 먹는 하마라고 생각하고 있다. 윤 센터장처럼 응급의료를 사회간접자본Social Overhead Capital, SOC의 하나라고 생각하는 관료는 없었다.

그는 이러한 괴리감에 힘들어했다. 결코 혼자서 할 수 있는 일이 아니라는 걸 알아버렸는지도 모른다. 그래서 아직 살아야 할 많은 날을 두고, 사랑하는 가족을 두고 먼저 갔는지도 모르겠다.

그가 이루려 했던 환자를 위한 한국형 응급의료체계를 이제는 이루어야 한다. 시간이 걸리고 많은 돈이 들더라도 이제는 해야 한다. 그것이 윤 센터장의 옳은 바람이었을 테니까……

한덕이 제일 힘들었던 부분 중 하나는 전문가들이 병원의 이해관계나 자기 집단의 이익을 과도하게 대변하거나, 전문가로서 공공성 또는 객관성을 대변하지 못한 것이다.

의대 교수와 응급의학회 회원들은 기득권층이라고 생각했다. 변화에 대해 불편해하고 저항한다고 봤다. 학회가 좀 더 국민을 위해 생각하고 전문성을 가졌으면 좋은데 그렇지 않았다. 학회가 전문성이 다소 부족하다고 느꼈다. 학회를 이끄는 사람들은 소속 기관이나 조직의 이익과 관계없이 일 처리를 하기를 바랐다. 학회는 전문가 단체로서 역할에 충실하기를 원했지만 그 기대에 미치지 못해 안타까웠다.

한덕은 또한 만연해 있는 병원의 부서 이기주의를 안타깝게 생각했다. 응급의료센터와 외상센터는 서로 경쟁의 관계로 여긴다. 또 심혈관은 내과 소속, 응급실은 응급의학과 소속, 외상은 외과 소속 이런 식으로 진료과마다 장벽을 쳐놓고 있다. 일부 의사들은 부서의 이익이 환자의 안위보다 우선이라고 생각한다. 응급의료는 공공성이 큰 분야이고, 응급실을 운영하면 병원에서 적자가 많이 나기 때문에 정부가 응급의료에 관여한다. 그렇지만 병원과 전문가들이 공익보다는 집단의 이익, 병원의 이익을 앞세우는 것 때문에 정책을 제대로 할 수 없었다. 전문가의 사회적 역할, 윤리 측면에서 아쉬운 점이 많았다.

공무원

한덕은 공무원들의 일에 대한 책임감이 갈수록 없어진다고 우려했다. 공무원들은 1~2년마다 바뀌기 때문에 일에 대한 책임은 없이 다음 후임에 떠넘기려 한다고 생각했다. 공무원을 안정적인 직장으로만 여기고 세상을 바꾸려 하지 않아 안타까웠다.

한덕은 계속 바뀌는 사무관, 과장, 국장을 만나 일했다. 갈수록 설득해야 할 사람이 많아져 힘에 부쳤다. 혼자 할 일이 아니라, 일이 너무 많아 어디에서 일이 구멍이 나고 있는지도 몰랐다.

그러나 존경하는 공무원도 있었다.

2017년 9월 11일 페이스북에는 묵묵히 일하는 보건복지부 복지정보기획과 서민수 팀장을 칭찬했다.

> 존경하는 사람이 몇 되지 않는다. 더욱이 나보다 나이 어린 사람을 존경할 수 있을 거라는 생각은 해보지도 않았다. 그런데 나는

그 사람을 존경한다. 게다가 그는 일반적으로 호감을 갖기 어려운 공무원이라는 직업을 가졌다.

나는 믿는다. 지금은 구석 책상에서 별일 하지 않고 있는 것처럼 보이지만 그가 고쳐야 할 문제라고 생각하면 그 무거운 몸을 누구보다 날렵하게 움직이며 해치울 것이다. 그리고 본인이 납득할 수 있을 때까지 집요하게 할 것이다.

처음 그가 응급의료를 할 때, 정말 설득하기 힘든 상대였다. 오죽하면 카이스트 출신들은 다 이렇게 꽉 막힌 건가, 하는 생각이 들었겠는가? 그런데 나중에 알았다. 그는 자신을 움직이게 할 확신이 필요했던 것이다.

그가 똑똑하고 일을 잘해서 존경하는 것이 아니다.

그는 첫째, 일할 때 자신을 버리고 몰입할 줄 알고, 둘째, 자신이 한 일에도 주변에 감사할 줄 알고, 셋째, 자신이 정말 힘겹고 외롭게 해낸 일도 '그거 내가 했다.'라고 얘기하지 않는다. 아니, 진심으로 자신 혼자 한 일이라고 믿지 않는다.

그에게 말할 때는 조심해야 한다. 행여 나처럼 현학적인 사람이 만에 하나 짧은 세 치 혀로 그를 잘못 설득한다면 그는 그걸 믿고 행한다. 아주 집요하고 진지하게 자신의 모든 것을 내려놓고 행한다. 다행히 그는 참과 거짓을 구분하는 능력이 탁월하다.

옳다고 생각하면 행하라.

그는 그 어려운 걸 한다. 그러면서도 우직하고 저돌적이지 않다. 가끔 부럽다. 외모는 나보다 못하지만 그 외의 모든 것은 타고난 듯하다. 그가 자신의 파트너 얘기를 할 때 '나보다 훨씬 뛰어난 친구'라고 하면 나는 얘기해 주고 싶다. 너는 정말, 정말, 내 짧은 눈으로 봐도 진국이라고…….

그는 돈을 많이 벌거나 사회적으로 높은 지위를 차지하지는 못할 것이다. 그래도 그는 성공한 삶을 살고 있다. 그걸 알려주고 싶은데 지금껏 그런 기회를 갖지 못했다.
참된 인생을 살고 있는 그에게 감사한다. 그리고…….
존경한다.

중앙응급의료센터는 정부산하기관으로 복지부의 지도 감독을 받았다. 권한은 복지부에 집중되어 있고, 센터가 가지고 있는 권한은 별로 없었다. 자율성, 독자성이 부족했다. 의사결정을 할 때 복지부의 허락을 받았고, 정치적인 문제에 밀려 일 처리가 힘들었다. 중앙응급의료센터는 실무 부서로서 복지부의 결정을 따라야 한다.

공무원과 정부산하기관의 관계는 거의 수직 관계에 가깝다. 정책 수립과 제도 마련은 정부 부처, 세부 실행은 정부산하기관의 몫이다. 한덕이 근무했던 중앙응급의료센터와 복지부의 관계도 비슷하다. 복지부는 정책을 수립하고 예산을 배정하지만, 해당 공무원들의 인사이동이 너무 잦았다. 이 때문에 실질적으로 응급업무에 대한 전문성은 그리 높지 않았다.

응급의료에 관한 법률에 따르면 중앙응급의료센터는 장관이 부여한 업무를 하도록 되어 있다. 복지부는 정책을 결정하면 대부분 중앙응급의료센터에 그 실행을 담당하도록 내렸다.

한덕은 오랫동안 응급의료 한 분야에서만 일해 현안이 무엇이고,

필요한 것이 뭔지 알았다.

중앙응급의료센터는 정책을 기획하고 실행했다. 그러나 전적으로 그런 것은 아니다. 한덕이 기획해서 제안한 것도 있고, 복지부가 자체적으로 기획해서 실행한 것도 있었다.

중앙응급의료센터는 국립중앙의료원 내에서 위상이 좋은 편은 아니었다. 국립중앙의료원이 중앙응급의료센터를 지정해 운영하고 있었지만, 내부에서는 계륵 같은 존재였다. 진료부서가 아니어서 원장의 관심 밖에 있었다. 의료원 내에서 위상이 높지 않았고, 지원도 열악했다. 환영받지 못하는 자식 같았다.

한덕이 중앙응급의료센터에 들어간 이후 응급의료가 많이 좋아졌고 발전했다. 그렇다고 한덕이 보기에 만족할만한 수준은 아니지만. 응급의료는 대한민국 의료분야에서 별도의 기금을 가지고 있는 유일한 분야다. 누적된 금액만 2조 정도로 매년 2,000억 이상 투자되고 있는 것을 고려하면, 지원받는 만큼 성과를 내는 것은 아닌 것 같았다. 국민이 그만큼 혜택을 받고 있지 않은 것처럼 보였다.

한덕은 국가가 하는 결정에 대해 대놓고 나쁘다고 하지 않았다. 일단 결정하면 따랐다.

직원들에게 말했다.

"복지부 전체 계획에 안 맞으면, 우리가 하고 싶어도 안 해야 한다. 돈이 적게 나가고, 쉽게 할 수 있고, 임팩트가 있는 것을 먼저 해야 한다. 일선에서 협력을 먼저 구축하고 위로 올리자. 위에서 묶어서 밑으로 맞추는 방식은 안 된다. 소방청도 구급대 돌아가는 것을 모르고, 복지부도 병원이나 응급실 돌아가는 것을 모르면 안 된다."

아래에서 위로 일을 하는 것이 제대로 된 일 처리 방식으로 생각한 것이다.

한덕과 보건복지부의 노력으로 지금 대한민국의 응급의료는 선진적이라는 평가를 받고 있다. 짧은 시간에 이룩한 효과였다. 한덕은 2002년 응급의료에 대한 인식이 부족했을 때 중앙응급의료센터에서 응급의료체계를 만들고 이를 실행하기 시작했다. 의사로서 막 발을 내디뎠던 25년 전에는 병원 전 응급처치가 엉망이었고 응급의료센터도 제대로 운영되지 않았다. 그는 선진국 대열에 맞추기 위해 하나하나 응급의료체계를 만들었다. 누구도 응급의료에 관심이 없을 때였다. 이국종은 그의 저서 『골든아워』에서 '윤한덕은 황무지에서 숲을 일군 인물'이라고 표현했다.

이 같은 노력으로 대한민국의 응급의료는 많이 선진화되었고, 그 중심에는 중앙응급의료센터와 한덕이 있었다. 그렇지만 중앙응급의료센터도 변화하기를 바랐다. 응급의료기관 등을 평가하다 보니 직원들이 마치 갑의 위치에 있는 것으로 생각한다는 것이다. 그런 생각을 바꾸기를 희망했다. 소방을 경쟁상대로 생각하고, 질병관리본부, 심평원과 경쟁하려는 것이 싫었다. 그럴 필요가 없었다. 다른 조직과 비교해 우월하다고 느껴지면 그대로 하면 되고, 질병관리본부나 심평원 등이 낫다고 생각하면 연계해 일 처리를 하면 된다. 경쟁을 전략적으로 이용하기를 바랐다.

그런데 대부분 그렇지 않고 자신들의 우월주의에 빠졌다. 나랑 비슷한 생각을 해 나를 위협하면 경쟁자로 생각하며, 뭔가 흠집을 찾아 문제가 있다고 지적한 것은 초보 기획자의 함정이라는 것이다.

한덕은 이해관계를 떠나 모두 상생하기를 희망했다.

제14장

죽음, 그 이후

죽음

한덕이 집무실 의자에 앉은 상태로 숨져 있는 것을 아내 민영주가 발견했다. 그는 의자를 단단히 부여잡고 떠났다. 마지막 길은 지독히 쓸쓸했다. 지옥 같았던 응급의료를 홀로 개척하려고 혈혈단신 상경했던 그때처럼, 주위의 아무런 도움 없이 홀로 외롭게 떠나갔다.

그가 숨진 채 발견된 그 날, 그의 집무실에는 미처 마무리하지 못한 서류들이 주인을 잃어버린 채 책상 위에 펼쳐져 있었다. 설 연휴 응급 및 재난대비, 외상센터 개선방안, 완성되지 않은 중앙응급의료센터 조직개편방안 서류다. 설 연휴 이후 국립중앙의료원 원장에게 보고할 예정이었다.

직원들이 일할 수 있게 분위기를 만들어 주고 싶었다. 새로운 조직도를 만들어 조직에 활력을 불어넣을 생각이었다. 그러나 일을 마무리하지 못하고, 설 명절 홀로 남아 업무를 처리하다 급성심정지로 생을 마감했다.

한덕의 국립과학수사연구원의 부검감정 결과 사인은 고도의 심장동맥(관상동맥)경화로 인한 급성심장사로 추정했다. 참고사항으로 이렇게 적혀 있다.

1. 급성심장사는 '해부학적으로 증명되는 심장의 질병 유무와 관계없이 사망시간이나 양상을 전혀 예측하지 못하는 상태에서 급성증상이 발생하여 짧은 시간 내에 의식소실과 함께 심장의 이상으로 사망하는 것'으로 정의하고 있다. 심장성 돌연사라고도 한다. 급성심장사의 원인질환 중 80퍼센트 정도가 (급성심근경색을 포함하는) 심장동맥질환이며, 심근질환(심근염, 심근증), 심전도계 장애, 심장판막질환, 선천성 심질환 등 거의 모든 심장질환이 원인이 될 수 있다.

2. 급성심장사와 같은 내인성 급사는 안정 시 보다는 과로나 육체적 노동 등 무엇인가 하고 있을 때 잘 발생하는데, 이를 내인성 급사의 유인誘因이라고 하고, 육체적으로나 정신적으로 인체에 스트레스를 가할 수 있는 모든 경우, 즉 정신적 흥분, 과로, 노동, 과음, 과식 등이 해당될 수 있다.

윤한덕의 사망 소식에 의학계는 물론 국민이 슬퍼했다. 그를 애도하는 추모의 발길이 끊이지 않았다.

한덕을 많이 의지했던 이국종은 영결식에서 "물러설 자리가 없는 사지로 뛰어들어서는 피투성이 싸움을 하면서도, 모든 것을 명료하게 정리해 내는 선생님께 항상 경외감을 느껴왔다."라고 했다.

다음은 이국종의 추도사다.*

윤한덕 선생님 안녕하십니까.

선생님께서 오랫동안 숙고하셨던 중앙응급의료센터장직 이임에 대해서 한사코 반대한 데 대해서 저는 아직도 틀렸다고 생각하지 않습니다. 한반도 전체를 들어 올려 거꾸로 흔들어 털어 보아도, 선생님과 같이 이런 말도 안 되는 상황을 두려움 없이 헤쳐 나아 갈 수 있는 사람은 없습니다.

선생님은 20년간 의료계뿐 아니라 이 사회 전체의 가장 어렵고 가늠하기조차 불가능한 중과부적의 현실에 정면으로 부딪혀 왔습니다. 응급의료의 현실이 견딜 수 없이 절망적임을 인지하면서도, 개선의 노력조차 무의미하다는 버려진 섹터를 짊어지고 끌고 나아가야만 한다는 실질적인 자신의 운명과, 그럼에도 이 방치된 섹터를 무의미한 채로 남겨놓을 수는 없다는 선생님의 정의를 추구하는 사명감을 화력으로 삼아 본인 스스로를 태워 산화시켰습니다.

한국의 응급의료상황은 선생님의 결사적인 노력에도 불구하고 부침을 반복해 왔습니다. 의료계 내부로부터의 반발과 국내 정치 상황이 변할 때마다 불어오는 정책적 뒤틀림 사이에서 선생님의 buffer(완충 역할)는 끊임없이 소진되었습니다. 그러나 사람이든 국가든 진정한 내공은 위기 때 발현되기 마련입니다. "떨어지는 칼 날은 잡지 않는 법이다."라는 세간의 진리를 무시하고 오히려 물

---

* 동아일보(2019년 2월 10일).

러셀 자리가 없는 사지로 뛰어들어서는 피투성이 싸움을 하면서도 다시 모든 것을 명료하게 정리해 내는 선생님께 저는 항상 경외감을 느껴왔습니다.

인간에게 불을 가져다 준 프로메테우스Prometheus의 형제인 아틀라스Atlas는 지구의 서쪽 끝에서 손과 머리로 하늘을 떠받치고 있습니다. 본인에겐 형벌과도 같은 상황이지만 그 덕에 우리는 하늘 아래 살아갈 수 있습니다.

해부학에서 Atlas는 경추의 제1번 골격으로서 위로는 두개골과 중추신경계 등을 떠받치고 있음으로 해서 사람은 살아갈 수가 있습니다.

자신이 무거운 짐을 받아 내면서 그 하중을 견디어 내는 Atlas의 존재로 인해 이 혼란스러운 세상 자체와, 그 안에서 살아가는 사람들은 버티어 낼 수 있습니다. 세인들은 Atlas의 존재를 알지 못하지만, Atlas는 그 일을 무심하게 버티어 냅니다. 선생님은 바로 그 Atlas입니다.

선생님은 이제 번잡스러운 육상 근무를 마치셨지만, 새로운 임지를 한반도의 하늘로 정하신 것을 다행스럽게 생각합니다. 선생님께서 만들어 주신 항공의료체계에 종사하는 저를 비롯한 항공의무대원들은 앞으로도 계속 선생님과 함께 하고자 합니다. 선생님께서 그렇게도 간절하게 이루고자 하셨던 the Right Patient in the Right Place at the Right Time(적절한 환자를 적절한 시간에 적절한 병원으로)을 실현하기 위해서 이제 선생님과 함께 하늘에서 더욱 더 많은 일을 하고자 합니다.

저희가 도입하는 응급의료 헬리콥터 내에는 선생님의 비행복을 항시 준비할 것이며, 선생님이 타 기체와 혼동하시지 않도록 기체

표면에는 선생님의 존함과 함께 Call sign(호출부호)인 "Atlas"를 크게 박아 넣을 것입니다. 저는 선생께서 반드시 저희와 함께 비행하실 것으로 믿습니다.

저희들이 이륙하여 선생님께서 계신 곳으로 가파르게 상승해 올라갈 때 선생님께서 계신 고도를 알려 주시면 저희가 순항고도를 맞추도록 할 것이며, 저희들이 환자가 있는 바로 그 상공에서 두려워하지 않고 강하할 수 있도록 용기를 주시기 바랍니다. 저는 선생님께서 저희들이 갑자기 불어 닥친 운무나 연무 속에서 길을 잃지 않도록 도와주실 것이고, 생명이 꺼져가는 환자를 싣고 비행할 때 정확한 술기를 행할 수 있도록 저희들의 떨리는 손을 잡아 주실 것을 믿습니다.

저는 선생님께서 확보하여 주신 바로 그 기체에 탑승하는 항공의무대원으로서, 앞으로도 선생님과 함께 계속 비행할 수 있게 된 것을 영광스럽게 생각합니다.

제1번 경추인 Atlas는 홀로는 정상적 기능을 할 수 없습니다. 제2번 경추인 Axis(아식스)의 Odontoid Process(제2 경추골의 돌기)와의 조합으로 완성된 기능을 해나갑니다. 이제는 윤한덕 Atlas가 위태롭게 홀로 짊어졌던 너무도 무거운 하중을 저희들이 제대로 된 Odontoid Process를 갖춘 Axis가 되어 함께 받쳐 전체적으로 완성된 기능을 할 수 있도록 최선을 다하겠습니다.

선생님께서는 자신의 몸을 부수어 그 파편에서 나온 선생님의 수많은 DNA들을 육상에 남기셨습니다. 그 DNA들은 어떤 형태로든 각자 자신의 위치에서 최선을 다하면서 Axis가 될 것입니다. 선생님의 DNA가 반드시 그렇게 만들 것입니다.

이제 육상 근무의 시름은 잠시 접어 두시고 그동안 시간이 없어 못 날리시던 무선조정기체들을 조종하시면서 비행 감각을 유지하시길 부탁드립니다. 잠시만 편히 기다려주시길 바랍니다. 저희들이 곧 비행해 올라가면 많이 바빠지실 겁니다.
창공에서 뵙도록 하겠습니다. 감사합니다.

이국종은 대한민국 응급의료·외상의료 체계 전반을 국제수준으로 끌어올리기 위해 한국사회의 한계에 맞서 헌신했다고 윤한덕을 평가했다. 대의를 좇는, 영화나 소설에서나 볼 수 있을 법한 사람 같다는 것이다.

윤한덕은 이국종이 정말 어렵고 힘들 때 찾고 상의했던 사람이었다.

한덕은 아틀라스와 같은 삶을 살았다. 중앙응급의료센터장으로서 응급환자들의 고통과 아픔을 모두 떠받기에는 형벌과 같았다. 예전에는 혼자 응급의료를 개척했다. '아직까지 이 일을 하고 있지?' 하는 생각이 들 때도 있었다. 이것이 형벌인가? 중앙응급의료센터장 자리가 힘들었다. 세상에 이런 형벌은 없는 것 같다는 생각이 들 때가 한두 번이 아니었다. 센터장을 계속하는 것은 형벌과 같은 고통이었다.

한덕은 응급의료 분야가 원칙은 없고 각자 자기주장만 있을 뿐이라고 생각했다. 응급의료의 1세대가 넘어가니까 기본적인 철학도 없어졌다고 여겼다.

보건복지부도 기득권 세력을 옹호하는 것 같아 안타까웠다.

센터장 자리를 내려놓으려고 했던 것도 매너리즘에 빠져 있는 기득권 해체를 위한 것이었다.

이국종의 평가

이국종은 의사들 가운데 최고의 영웅으로 윤한덕을 치켜세웠다. 이국종은 "윤한덕 선생님은 제가 감히 짧은 글로써는 표현할 수 없을 정도의 사람이다. 제가 글로 함부로 표현하는 것이 고인에 대한 예의에 어긋나지는 않을지 걱정이다."라고 할 정도로 존경했다.

이국종이 한겨레신문(2019년 2월 8일)에 기고한 기고문을 보면 이를 엿볼 수 있다.

① 의학자 윤한덕

2008년, 런던에서 돌아왔을 때 나는 보건복지부 내 회의실에서 영국의 중증외상환자 치료 체계에 대해 발표했다. 외상센터 설립과 함께 헬리콥터를 이용한 항공의료 체계를 발표했을 때, 그 자리에 참석했던 응급의료인 대부분이 반대했다. 내가 익숙하게 듣고 있던 말이 쏟아졌다. "여기가 선진국인 줄 알아?" "한국은 도시에 인구 밀집도가 높아서 불가능해!" "우리 의료 현실을 생각해야지!"부터 시작해서 "내가 군 생활할 때 헬리콥터의 하향풍에 주위 건물의 유리창이 다 깨지고 트럭이 뒤집히는 것을 보았다."는 허풍까지 난무했다. 그러나 윤한덕 만이 내 말에 귀를 기울였다.

그는 내가 내민 영·미권에서 출간된 외상학 교과서들과 런던에서 가지고 온 자료들을 세밀히 들여다보았다. 그는 의사이기 이전에 의학자로서, 어떤 의과대학 교수보다도 더욱 객관적인 진리를 추구하여, 선진국에서 보편화하여 있는 '교과서적인 프로토콜 protocol'을 알고자 애썼다. 한국에서 생산될 수 있는 중증외상환자 관련 자료라는 것들의 수준이 그저 현실의 참상을 확인시키는 것에 불과하다는 것을 확인한 순간, 그는 최선을 다해서 한국 응급의료의 블랙홀이나 마찬가지인 중증외상환자 치료 시스템을 구축하고자 나섰다.

그가 추구해 왔던 많은 응급의료 관련 정책들은 이처럼 어떠한 정치적 목적이나 자신의 입신양명과는 전혀 관련이 없었다. 다만 세계적 진료지침 Global Standard을 준수하면서 얻어진 객관적인 환자치료 데이터를 통해 정책의 효용성을 증명하는 수순을 밟아왔다.

② 지옥 속 윤한덕

그러나 이것은 시도에 불과했다. 윤한덕이 원하는, 제대로 된 결과가 나오려면 한국 사회 전체가 바뀌어야 한다. 자신이 피투성이 싸움을 하다시피 해서 확보한 금쪽같은 예산이 현장에 내려가서 뒤틀려 날아가는 것을 계속 보던 윤한덕이 내게 물었다. "국종, 한국 사회 정도의 투명성 transparancy을 가지고는 정말 이거밖에는 안되는 거야?"

그는 기가 막힌 상황이 닥치거나 내게 진정으로 강조하고 싶은 말이 있을 때, 내 성을 떼어내고 이름을 불렀다. "국종" 그가 나를 처음 그렇게 불렀던 상황은 내가 '아덴만의 여명 작전'에 투입되어야 해서 그와의 회의 일정을 펑크냈을 때였다. 그때 그가 말했다. "국종, 석해균 선장 잘못되면 어떻게 박살 나게 될지 알지?" 마지막으로 들었을 때는 2주 전쯤에 만난 회의 때 헤어지면서 내가 아픈 걸 걱정하며 한 말이었다. "국종, 올해도 잘 넘겨야 할 텐데, 힘내!"

그는 응급의학과 전문의였다. 전공의 수련 기간 중 외과계 중환자들이 응급실에서 죽어 나가는 모습을 너무 많이, 지겹게 봐왔다고 했다. 교과서에서 배워왔던 각 임상 과목 간의 빠른 협진은 고사하고, 생명이 위급한 외과계 응급환자가 병원 문턱을 넘어온 이후에도 적절히 치료받기 어려웠다고도 했다. 윤한덕은 그때의 응급실을 '지옥' 그 자체로 기억하고 있었다. 20여 년이 훨씬 지난 이 시점에서도 여전히 반복되고 있는 "이놈의 말도 안 되는 응급실 문제들"이 여전히 해결에 난항을 보인다는 사실에 그는 괴로워했다. 나는 윤한덕이 이러한 고통을 어떻게 달고 살아가는지 헤아리기조차 쉽지 않았다. 그러나 나나 윤한덕이나 퇴로가 없다는 점에서 오히려 홀가분했다. 우리는 최소한 방향성을 잃을 가능성은 적었다.

③ 사심 없는 윤한덕

지옥을 헤매본 사람은 셋 중 하나일 수밖에 없다. 도망치거나 순응하거나, 그 모두가 아니라면 판을 뒤집는 것. 떠나는 것도 익숙해지는 것도 어려운 일일 것이나 세 번째 선택은 무모하다. 그런데도 윤한덕은 셋 중 마지막을 택했다.

보건복지부 산하 국립중앙의료원 중앙응급의료센터를 맡아 전국 응급의료의 시스템을 구축해 근본적인 체계를 끌어올리고자 노력했다. 세인들은 윤한덕의 센터장 직위를 이해하지 못한다. '센터장'이라는 단어가 울려내는 소리만이 그럴듯해 보일 뿐이다. 해마다 배출되는 3,000여 명이 훨씬 넘는 의사 중 극소수만이 응급의료 계통에 뛰어든다. 직업선택의 자유가 있는 나라에서, 자신이 비용을 지불하고 힘든 의과대학 과정을 마친 의사들에게 그 누구도 어떤 전공을 강요할 수 없다. 그 와중에 윤한덕은 전공의 수련 과정이 막 시작된 응급의학과 전문의 과정을 마쳤다. 전문의가 된 이후 통상적인 임상 의사의 길을 갔다면, 자신이 취업하고 있는 병원 응급실에서 근무시간만 지키며 일한다면, 일주일에 한 번밖에 집에 못 가는 생활을 하지는 않았을 것이다. 적은 급여임에도 일단은 공직의 길에 들어섰으니 입신양명이라도 하고자 했다면, 그는 보건복지부에서 통상적인 행정관료의 길을 걸어야 했다. 그렇게 되면 그는 응급의료 분야에서만 일할 수 없고 1~2년이 멀다 하고 근무처를 옮겨 다녀야 했을 것이다. 그는 스스로 보건복지부의 산하기관인 중앙응급의료센터에 자신을 묻으며 관계官界에서의 출세에는 무심한 채 응급의료 업무만을 보고 살았다. 그는 그저 같은 일을 계속 해왔다. 그것은 마치 계란으로 바위를 치는 것 같았다.

④ 행정가 윤한덕

윤한덕은 임상 의사로서 응급의료를 실제 경험한 것을 바탕으로, 응급의료 현장에서 올라오는 다양한 목소리들의 경중과 화급을 잘 구별하여, 보건복지부의 정책 방향을 결정하는데 결정적인 공헌을 해왔다. 과정에서 의료계와 정부 사이에서 터져 나오는 수많은 갈등구조 속에서도 평정심을 잘 유지해 나간 행정가였다. 아니, 평정심을 잘 유지해 나가는 것처럼 보이는 뛰어난 행정가였다. 여리고 인간적인 그의 마음은 시커멓게 타들어 가고 있었다. 호탕하게 큰 웃음으로 정신적 난관을 극복해 나가는 사람들은 많이 있었다. 하지만, 윤한덕은 그런 식으로 자신이 품고 있는 중압감을 해소하기에는 떠안고 있는 짐이 너무나 컸다. 위기 때마다 자신의 목을 걸어놓고 배수의 진까지 치고 달려드는 그 특유의 해결방식 덕에 한국의 응급의료 전반은 손톱 끝만큼씩이라도 개선되어 나갈 수 있었다. 물론 그럴 때마다 그의 가슴은 썩어들어 갔다. 자신이 피투성이 싸움을 통해 천신만고 끝에 확보한 예산이나 정책 지원 등이 의료 현장에서 병원들이나 때로는 의료인들의 이권 속으로 타들어 가는 것을 보면서, 그는 자기 몸뚱이가 타들어 가는 것과 같은 고통 속에서 살았다. 차라리 극도로 피곤해야 잠을 이룰 수 있었으나, 그나마 쉽게 잠드는 날은 거의 없었다.

⑤ 영웅 윤한덕

1년이 멀다 하고 보건복지부의 담당자들이 바뀌며 다른 목소리를 내거나, 국립의료원장이 바뀌거나, 국회의 다수당이 바뀌거나, 대통령이 바뀔 때마다 변화하며 쏟아져 내려오는 각기 다른 정책적 포커스 속에서도 그는 자기 자리를 지켰다. 명문 국립 의과대학 졸업생으로서 누릴 수 있는 단 하나의 세속적인 털끝만 한 이득조차 취하지 않았고 오로지 "자신이 응급의료 전반에 대한 정책의 최후 보루라는 자의식을 뚜렷하게 가지고" 일평생을 살았다.

그가 진정 스스로를 블록버스터 영화에서나 볼 수 있는 '가망 없어 보이는 중과부적의 상황 속에서도 최선을 다해 끝까지 적과 맞서는' 영웅 같은 존재로 인식하고 있었는지는 알 수 없다. 다만 적어도 그의 곁에 서 있노라면 그런 기운이 느껴졌다. 한국사회의 흐름이 '삶의 질'을 중요시하는 방향으로 완전히 전환했고, 정치권과 정부를 비롯한 사회 공적 영역의 방향인 '저녁이 있는 삶'과는 정반대로 내달리면서도, 그는 스스로를 부셔서라도 다가올 미래를 위해 조금이라도 긍정적인 변화를 이끌어내고자 했다.

그는 그의 인생 전부를 걸고 중증외상치료체계를 포함한 응급의료체계 선진화를 위해서만 살았다. 그 이외에 그가 유일하게 좋아했던 것은 소형화된 구동장치를 가지고 있는 모형 무선조정 항공기를 날리는 것뿐이었다. 신제품으로 출시된 3g도 안 되는 무선조종 비행기용 서보servo 장치의 성능을 열정적으로 내게 설명하던 윤한덕을 잊을 수 없다. 그의 비행체에 대한 열정이 내가 실제로 타고 비행하는 응급의료용 헬리콥터에까지 스며들어 기존의 소극적 비행 관행을 깨도록 유도해 주었다. 현재 대한민국 응급의료체계 어느 곳에도 윤한덕의 손길이 미치지 않은 부분은 없다. 우리는 윤한덕에게 큰 빚을 지고 있다.

⑥ 슬픈 윤한덕

천신만고 끝에 확보된 예산과 각 지역 병원들의 지원으로 펼쳐나갔던 권역외상센터 사업이 길목마다 걸리고 좌초되는 현장을 직접 목도하자 그는 수차례 전국 외상센터의 센터장들과 해당 병원장들을 모아놓고 회의를 했다. 무의미한 말들만 오가다 파장된 회의. 당시 일그러진 표정으로 회의장을 빠져나가는 윤한덕의 입가에서 차가운 말이 새어 나왔다. "2018년 이후에 이 사업이 잘도 계속 가겠구나……."

그는 죽을힘을 다해서 응급의료의 구석구석까지 들여다보며 그 수준을 끌어올리고자 했지만, 그의 눈높이에 맞게 돌아가는 것은 거의 없었다. 나이를 먹어가며 그는 초조해졌다. 언젠가부터 그는 외로워 보였고 쓸쓸해 보이기까지 했다. 윤한덕의 시선이 허공에 머물고 있음을 봤던 최근에 나는 마음이 무너져 버리는 듯했다. 그런데도 불구하고 난 윤한덕을 계속 밀어붙여야 했다. 그로 인해 지탱되는 외상센터의 행정 축이 내가 가진 정책적 통로의 전부였다. "조금만, 조금만 더 중앙에서 버티어 주셔야 합니다."

그때 윤한덕의 모습은 응급의료라는 병든 지구를 떠받치고 있는 지친 아틀라스 Atlas 같아 보였다. 나는 윤한덕의 다급한 요청으로 김지영 간호사를 그에게 18개월 동안 파견했다. 김지영은 있는 힘을 다했으나 짐을 나누어지기는 역부족이었다. 대부분의 경우 나는 그에게 다급한 지원을 요청하는 신세에 불과했다.

해마다 몇백억 이상의 예산을 집행해 나가는 윤한덕은 정작 휘하 직원들 몇 명을 정규직으로 확보하는 것에도 허리가 꺾였다. 윤한덕이 세상을 떠나자 많은 사람이 다투어 그의 공을 치하하고 개선책을 결의에 찬 모습으로 발표하고 있는 것을 보고 들으며 난 기가 막혔다. 지금 앞다투어 발표하는 그 결연한 계획들의 10분의 1이라도 몇 달 전에 집행해 주었으면 윤한덕은 살아있을 것이다. 그러나 사실 그럴 일은 없다. 어차피 윤한덕이 떠나간 사실도 며칠 뒤면 언론에서 사라질 것이고 쏟아져 나왔던 각종 대책 및 결연한 '결심'들도 곧 날아갈 것이다. 그건 이제는 하늘에 있는 윤한덕이 더 잘 알고 있다. 상당히 '쿨'Cool한 면모를 보이는 그는 아마 씩 웃으면서 이럴 것이다. "원래 세상은 그런 거야, 그래도 난 이렇게 살다 갈 거야!"

2019년이 시작된 그놈의 '민족의 명절'에 우리는 한국 사회에서 보기 어려운 영웅을 잃었다. 세상을 바꾸기 위해 사심 없이 스스로 지옥 속으로 걸어 들어가 온갖 슬픔과 좌절을 겪으면서도 최후까지 피투성이 싸움을 하다가 삶의 대부분을 보냈던 공간에서 단단하게 앉은 채 세상을 떠나갔다. 세상을 떠날 때조차 그는 한가하게 누워서 쉬지 않았고, 그다지 슬퍼하지도 않았다. 다만 그는 응급의료체계 개선안에 대한 서류들을 끝까지 잡고 있다가 함께 가지고 갔다.

윤한덕의 나이 51세였다.

이국종과 윤한덕, 김지숙, 김지영 아주대병원 간호사 등 4명이 술을 마신 일이 있었다. 이국종과 윤한덕은 닥터헬기와 관련해 논쟁을 벌였다.

"국종, 헬기 타다 떨어지면 어떻게 해?"

"아니야 형! 내가 헬기 떨어져도 몇 명 살리느냐가 중요해요."

윤한덕은 닥터헬기 운항시스템을 잘 만들겠다고 말했고, 이국종은 외과 의사로서의 사명감을 이야기했다. 똑같은 사람이 똑같은 이야기를 2시간 넘게 진지하게 토론했다. 두 사람에게는 환자를 어떻게 잘 치료할 것인가, 라는 문제만 관심 대상이었다.

각종 상
수상

한덕의 사후 청와대 국민청원 게시판에는 '윤한덕 가는 길 섭섭하지 않게 해 달라'라는 제목의 청원을 비롯해 26개의 청원 및 제안이 올라왔다.

다음은 '고 윤한덕 중앙응급의료센터 센터장에 대한 정부의 책임 있는 태도'라는 제목으로 올라온 청원 글이다.

> 명절날까지 일만 하다 간 사람입니다.
> 대통령님의 설날 선물 앞에서 아이처럼 좋아하던 사람입니다.
> 가난한 동네에서 가난하게 죽어가는 이들을 위해 마지막까지 최선을 다한 사람입니다.
> 고사리 같은 순수함으로 천둥을 받아 내던 사람입니다.
> 애말이요…… 애말이요들…… 이 사람 기억해 주소…….
> 이 사람 잊지 마소…….

국가유공자가 이런 사람이 유공자가 아니면 누가 유공자란 말이요……?
그 작은 허리춤으로 누더기 같던 이 나라 응급의료를 그나마 이렇게라도 기워내던 사람입니다.
이 사람 기억해 주소.
대통령님 설날 선물은 왜 보내셨어요…….
그 덕에 윤 센터장
더…… 책상을 떠나지를 않더이다. 최선을 다한다며 말입니다.
그 사람 가는 길 섭섭하지 않게 해주시오.
애말이오…… 애말이오…… 윤한덕 이 사람 기억해 주소.

설 명절에 쉽게 잃어선 안 될 인물을 잃어 많은 사람이 슬퍼했다. 죽어가는 사람들을 위해 명절까지 일하다 간 것이 더 애통함으로 빠뜨렸다. 윤한덕 사후 전국적으로 그를 국가유공자로 지정해야 한다는 국민의 목소리가 높아졌다.

추모와 국가유공자 지정 등 그의 희생과 헌신을 기려야 한다는 청원이 물결을 이뤘을 뿐만 아니라 전세에서 살다 간 그를 돕기 위한 모금 운동도 전개됐다. 그의 모교인 전남대 의과대학 동창회에서는 윤한덕 추모실무위원회를 만들어 기금을 모았다. 유가족들을 돕고 한덕과 같은 참의사의 뜻을 기리기 위한 것이다.

위원회는 의대 동창회장 양한모, 추모실무위원장 서해현, 부위원장 이용빈, 위원 길광채, 김상석, 김영철, 김인영, 박부일, 송호천,

이은열, 조용중, 조정호, 하상근, 허탁 등으로 구성됐다.

3개월 새 4억5,000만 원의 기금을 모아 윤한덕 가족에게 일부를 전달했고, 후배들을 위해 그의 정신을 잇기 위한 '윤한덕 상賞'을 제정했다. 가난하고 어려운 이웃을 돌보며, 헌신, 정직하고 곧으며, 남을 먼저 챙기며 배려한 따뜻한 의인을 기리기 위한 것이다.

국립중앙의료원도 한덕을 돕기 위해 모금 운동에 나섰다.

윤한덕은 사후 각종 상을 휩쓸었다.

국민훈장 무궁화장을 받았다. LG 복지재단으로부터 LG 의인상 수상자로 결정됐다. 모교인 전남대에서 선정한 '자랑스러운 전남대인', 국립중앙의료원 중앙응급의료센터는 만해 실천대상 수상자로 뽑혔다. 세계응급의학회는 국내외 응급의료 발전에 기여한 응급의학 전문의에게 주는 특별상 수상자로 윤한덕을 선정했다. 이외에도 대한의사협회의 '의사윤리부문 표창', 도전한국인운동본부의 '큰바위얼굴' 상 수상자로 뽑혔다.

윤한덕 장례식을 치른 이후 아들 윤형찬은 문재인 대통령에게 감사의 손편지를 보냈다.

대통령님 안녕하세요.
고 윤한덕 중앙응급의료센터장의 큰아들인 윤형찬입니다.

저는 장례를 잘 마치고 군 복귀를 하였습니다.

대통령님.
대통령님께서 여러 가지 국가 중대사를 챙기시느라 무척 바쁘신 와중에도 SNS를 통해서 저희 아버지의 죽음을 애도해주시고 유가족을 위로해 주신 점 깊이 감사드립니다.

아버지를 잃은 저희들로서는 매우 당황스럽고 힘들었습니다. 그때 대통령님께서 SNS에 올리신 글을 보게 되었습니다.
올리신 글 한 구절 한 구절이 힘들었던 우리 가족에게 크나큰 위로가 되었고 고인이 되신 저희 아버지께서도 하늘나라에서 기뻐하셨을 거라 생각합니다.

작년쯤의 일입니다. 아버지께서 대통령상을 받으셨다며 저희에게 자랑하시던 모습이 생각납니다.
항상 아버지는 일에 지쳐 피곤한 모습으로 들어오셔서 식사를 끝내시면 바로 누우시곤 하셨습니다. 그런데 대통령상을 받아오시던 그 날은 해맑은 어린아이처럼 무척 좋아하셨습니다.
지금 이 편지를 쓰면서도 그때의 그런 아버지의 모습이 잊혀지지 않습니다.

사랑하는 대통령님!
대통령님과 많은 국민의 관심과 위로 속에 저희는 무사히 장례를 치렀고, 장례를 끝내고 나니 아버지를 잃은 현실이 크게 다가오네요. 그렇지만 대통령님과 많은 국민이 보여주신 사랑과 애도로 저희 가족은 새롭게 시작할 큰 힘을 얻었습니다.
저와 동생은 평생 생명을 위해 헌신한 아버지를 본받아 사회 어느 곳에 있어도 열심히 살아갈 것을 다짐합니다.

대통령님!
진심으로 감사드립니다.
그리고 항상 건강하시고 행복하셨으면 합니다.

윤한덕의 아내 민영주는 남편에게 쓰는 마지막 편지를 2019년 4월 5일 동아일보에 기고했다. 윤한덕이 국민훈장 무궁화장을 받는 날이었다.

민영주는 약관의 나이에 윤한덕을 만나 30년을 연인이자, 동지로 살았다. 독립군의 아내처럼 묵묵히 참고 기다려줬다. 남편의 하는 일이 끝이 없어 가정에는 소홀했지만 이해하고 잘 되기만을 바랐다.

아내가 남편에게 보내는 마지막 편지다.

남편이 (17년 전) 서울로 오자고 했을 때 "돈은 많이 못 벌겠지만, 집에는 빨리 들어올 수 있어."라고 했어요. 물론 처음부터 그건 이루어지지 않았지만요……. 남편의 착한 마음을 알고 있었지만, 애들이 어릴 땐 점점 더 바빠지고 힘들어하는 남편을 이해하지 못했고 저도 힘들었죠.
하지만 언제부터인가 남편에겐 사람의 생명을 살리는 일이 자신의 소중한 모든 것들을 희생하면서도 해내야 하는 가치가 있는 일이라는 걸 받아들이게 되었어요. 힘들어하는 남편에게 제가 말해줬습니다. "우린 괜찮아. 미안해하지 마. 자기의 일이 정말 중요한 일이란 거 알고 있어. 스트레스받지 말고 행복했으면 좋겠어."
너무나 몰랐었죠. 남편이 얼마나 많은 일에 지쳐있는지도 몰랐고, 얼마나 많은 일을 이루어냈는지도 잘 몰랐어요. 남편은 최근 몇 년 동안 점점 더 지쳐갔고 둘째가 중학교에 들어간 이후로는 일요일 저녁에만 볼 수 있었어요. 그것도 얘기 나누는 건 밥 먹는 15분 정도……. 안 들어오는 주도 많았고요.
엄청난 양의 일들과 여러 기관 및 단체, 사람들 사이에서 일어나는 스트레스, 수면 부족…….
지인에게 "나 오래 못 살 것 같아!"라고 말할 만큼 몸도 힘들었을 텐데 떠나고서야 남편이 얼마나 응급의료체계 발전에 큰 공을 세웠는지 알았습니다. 또 남편이 스트레스를 받지 않고 행복하게 일하기 힘들었을 거란 사실도 알게 됐습니다. 순수한 그 마음과 열정, 책임감 때문에 남편은 정말 모든 걸 희생했습니다.
남편이 아이들에게 웃으며 "호랑이는 죽으면 가죽을 남기고 사람은 이름을 남긴다."라고 말한 적이 있어요. 뜻을 찾아보니 "사람은 살아있는 동안 훌륭한 일을 하여 후세에 명예로운 이름을 남겨야 한다."라는 것이네요. 저는 모든 사람은 고귀한 존재라고 생각하고, 남편 또한 그런 생각으로 억울한 죽음을 막는 데 자신의 모든 힘과 열정을 쏟았습니다.
남편의 죽음을 애도해주시는 국민과 남편으로부터 많은 도움을 받았다 말하며 울먹이는 문상 오신 많은 분들, 아이들이 아빠를 자랑스럽게 여길 수 있게 해주는 많은 기사, 격려……. 그리고 이 훈장 또한 저희에겐 남편이 주는 또 하나의 선물이고, 위로이며 격려입니다. 아이들 가슴에 새겨질 자랑스러움은 말할 것도 없고요. 아이들은 아빠의 가슴 속에 있던 순수한 사랑을 이해할 것이고, 그런 아빠를 자랑스러워하며 살아갈 것입니다.
남편이 생전에 이루지 못했던 일들이 진정으로 사람의 생명을 살리는 일이었을 거라 전 믿습니다. 문상 오신 한 남자분이 자신을 응급구조사라고 하시며 말을 잇지 못할 정도로 울며 말씀하시더군요. "센터장님과 약속한 게 있습니다. 꼭 하겠습니다."라고요. 남편과 같은 마음을 가지신 많은 분을 보면서 감사했고, 남편에게 이렇게 말해주고 싶습니다.
'죽으면 끝이 아니라고, 당신은 이 사람들과 늘 같이 있는 거라고……. 정말 가치 있고 중요한 그 일들은 이분들을 통해 이루어질 것이라고…….'
감사합니다. 남편에게도, 남편의 숭고한 마음에 이런 훈장을 주신 것에도, 남편의 죽음을 애도해주시는 모든 분께도…….

국가유공자 지정

국민의 청원과 각계각층의 노력으로 윤한덕은 민간인으로서 36년 만에 국가유공자로 지정됐다. 지난 1983년 아웅산 폭발사고 때 숨져 국가유공자로 지정된 의사와 기자 등 2명에 이어 대한민국 역사상 역대 두 번째다. 그러나 평생 국가와 국민을 위한 헌신에 대한 노고를 보답하는 차원에서, 국가가 민간인 신분이었던 그를 국가유공자로 선정한 것은 윤한덕이 유일하다. 그는 국가유공자법에 명시된 '국가사회발전 특별공로순직자'로 인정된 것이다.

윤한덕이 국가유공자로 선정된 의미는 남다르다. 평생 보이지 않는 곳에서 헌신한 그의 업적이 죽은 이후 비로소 제대로 평가받아 그나마 다행이었다. 그는 응급의료의 발전을 위해 자신의 몸을 헌신했다. 오로지 환자를 위한 지독한 책임의식밖에 없었다. 일주일 중 집에 있을 때는 3시간에 불과했고 나머지 시간은 집무실에서 일에만 매달렸다. 밤낮을 가리지 않고 일만 했다. 이 같은 노력 덕분에 후진적인 대한민국의 응급의료시스템을 짧은 기간에 비교적 선진국 수준으로 끌어올려 놓았다. 좀처럼 쉽지 않은 일이었다.

윤한덕은 공명심이 털끝만큼도 없었다. 잠시 오해했던 사람도 있었지만, 나중에는 그의 진정성을 모두 알아줬다.

국가유공자가 지정되기까지 이낙연 국무총리와 장병완, 송갑석, 윤영일 국회의원 등의 노력이 있었다.

문재인 대통령은 국가유공자 지정을 적극적으로 검토하라고 강기정 정무수석에게 지시했다.

한덕이 국가유공자로 지정되면서 이젠 21세기 국가유공자의 패러다임도 바뀌게 될 것으로 보인다. 과거 독립운동과 전쟁, 민주주의 운동의 희생자에서 이제는 국가와 사회발전에 헌신적으로 공로를 세우며 희생한 사람도 국가유공자로 지정될 수 있는 기준이 마련된 것이다.

국가를 위해 희생하거나 공헌한 국가유공자는 예전에는 순국선열이나 애국지사, 전몰군경, 전상군경, 참전 유공자 등이었다. 이후 4·19혁명 사망·부상자, 5·18 광주민주화운동 사망·행방불명 또는 다친 사람까지 포함한 민주화운동 유공자로 범위가 확대됐다. 이젠 윤한덕과 같은, 사회에 크게 기여하고 국민을 위한 삶을 산 사람이 받아야 할 차례가 온 것이다.

윤한덕의 아들 윤형찬은 2019년 8월 22일 페이스북에 감사의 글을 올렸다.

전역도 오늘 했고 기쁜 마음에(?) 개인적인 얘기를 길게 써보려고 합니다.
…(중략)…
지금은 일상에서의 아버지의 빈자리가 크게 느껴지지 않습니다. 너무 바빠서 내가 대학교에 입학하고 난 뒤로는 일 년에 8~9번 정도 봤던 것 같은데. 그래서 일상에서의 허전함은 없는데 길거리에 다니는 응급차들, 응급실, 의학과 관련된 영화를 보면 생각이 많이 납니다. CPR만 보면 가끔 눈물이 납니다. 그런 광경들이 아버지를 생각나게 하는 것 같습니다.
…(중략)…
전 정말 솔직하게 아버지가 무슨 일을 하는지 90퍼센트 이상 몰랐습니다. 아버지가 저에게 진지하게 자기 얘기를 한 적은 딱 한 번이었고, 기억나는 내용은 가끔 아버지의 지인분들이 저에게 아버지를 정말 존경하는 사람이라고 했던 것, 힘들어서 수년 동안 몇 번이나 사표를 내려 했지만 결국 다시 일을 한다고 했던 모습이었습니다.
사실 정말 아쉽긴 합니다. 대학생이 되고 난 뒤로는 전 정말 궁금했었는데, 알지 못하니 그냥 잠 좀 많이 자고 취미생활도 하면서 행복했으면 좋겠다고만 생각했었습니다. (+담배랑 술도 좀 줄이고) 저에게는 힘들다거나 일이 어떻다거나 얘기를 단 한 번도 직접 한 적이 없었으니까. 아버지가 주도해 도입한 닥터헬기나 다른 의료체계 분야 단어들도 장례식 때 처음 기사로 접했습니다.

어떻게 응급의료에만 그렇게 매달릴 수 있었는지……. 저로선 정말 상상하기 힘듭니다. 어머니가 다쳤을 때도 응급실이 바빠 보이니까 업고 다른 병원 찾으러 다녔던 적도 있었고, 돌아가신 뒤에 처음 보는 마이너스 통장이 있길래 알아보니 회식이나 모임 때 법인카드 대신 개인 카드를 써서 생긴 통장이라고 한 적도 있었습니다. 지금은 아니지만, 이런 얘기들을 들었던 그 순간에는 뭔가 내려앉는 기분이었습니다. 태어나서 올해 전까지 알고 있었던 내용보다 다른 사람들에게 더 많은 내용을 알게 되는 그 기분이 뭔가 슬프면서도 묘했습니다.

공대 전자과가 가고 싶었지만, 반강제적으로 의대에 가게 된 일, 어린 시절 방학 때마다 해남에 내려가 혼자 외롭게 노을이 지는 모습을 봤었던 트라우마, 세월호 현장에서 느낀 내가 상상치도 못할 감정들, 지금까지 여러 일을 하며 받은 극도의 스트레스와 압박감들을 제가 알고 이해하고 공감하지 못해 너무 안타깝고 슬프지만, 어쩔 수 없었던 것이고 아쉬움으로 남기려고 합니다. 그걸 감당할 만큼 제가 지금 단단하지도 않고.

생각해 보면 저와 닮은 점이 꽤 많았던 것 같습니다. 공감이나 위로를 주고받는 게 어색하고 받아도 도움이 안 되는 성격, 뭘 해도 성취감이 오래 가지 않는 것, 여린 모습, 고뇌와 압박감 때문에 마음 놓고 행복하기가 힘든 성격, 무심한 듯하면서도 잔정이 많은 성격 등등. 저는 지금에서야 조금씩 저를 받아들이고 이상과 현실에서 오는 괴리감을 긍정적으로 승화시키고 있지만, 여전히 배울 게 많고 아직 한참 멀었다고 느낍니다.

요새 제가 여러 생각을 하고 결정을 내리는 데에 있어서 아버지의 그림자가 크게 집니다. 얼마 전까지만 해도 안정적으로 여유롭게 벌면서 저와 주변 사람들이 행복하고 건강하면 만족할 것 같았는데……. 지금은 잘 모르겠습니다. 사실 아직까지 그것도 잘 못하고 있는 모자란 사람이지만!

아직 경험과 생각이 짧기도 하고……. 공익과 애국이란 가치가 저에겐 어떤 의미로 받아들여질지 천천히 더 생각해봐야 할 것 같습니다.

편견 없이 현상과 사람을 보는 것, 어떤 상황에서도 강요하거나 잣대를 들이대지 않고 자신만의 길을 가도록 하는 것이 제가 아버지에게 받은 가장 큰 가르침들이기에 전 제가 사랑하는 것과 가치관에 따라 행복하게 살 자격이 있다고 믿습니다. 아버지가 가장 바란 것은 저만의 의미 있는 인생을 사는 거였으니까. 생각해 보면 수능 원서 쓸 때 고민하고 있는 와중에도 저에게 의대에 관한 얘기는 단 한마디도 안 했던 기억이 납니다. 너무 자유롭게 키워주셔서 많은 시행착오는 겪고 있지만, 그래도 좋습니다.

전 진심으로 아버지를 사랑하고 응원하기 때문에, 이번 국가유공자 지정에 있어 정말 의미 있다고 느끼고 행복합니다. 제 생각과 무관하게 아버지가 살아 계셨다면 제일 기뻐했을 상이기 때문에 저에겐 가장 큰 의미로 다가옵니다.

또, 아버지 주위의 많은 사람을 보면서 세상에는 직업이나 빈부와 무관하게 정말 좋은 뜻을 가지고 노력하는 분들이 많다는 것을 느낍니다. 정말 존경하고, 고마운 것을 잊지 않고 살고 싶다는 생각이 듭니다.

…(중략)…

나중에 제가 아버지 나이가 되면 그땐 어떤 기분일지 상상이 안

되긴 합니다. 여러 의미로 정말 큰 선물 주고 가서 너무 고맙고, 아버지가 바라신 가치가 발전할 수 있게 항상 바랄게요. 정말 고생 많았어요. 저와 가족, 그리고 스스로 행복에 대한 죄책감은 내려놓아요. 저도 노력할 테니까. 당신의 아들이라 정말 행복합니다.
이 글은 아버지의 죽음에 대한 저의 회고이자, 살다가 가끔 뒤를 돌아봤을 때 스스로 잃지 않기 위한 이정표가 되길 바라고 쓴 글입니다.

중앙응급의료센터 직원 장한석은 형찬의 페이스북에 답글을 남겼다.

형찬아. 너의 아버지, 그러니까 나한테는 센터장님은 말로 어떻게 설명해도 부족한 사람이야. 내가 기억하는 윤한덕은 내가 기억하는 가장 정이 없는척하면서 정이 많은 사람이었고, 우리나라 응급의료시스템을 위해서 밤낮없이 고민하던 사람이었고, 우리 직원들한테는 마음속 깊이 가족 같은 사람이었어.
그렇게 바쁜 시간을 보내면서도 술자리를 할 때마다 너의 군대 생활 이야기와 연애(?) 이야기를 줄곧 하셨었지.
우리 센터가 네가 아버지와 함께 보내야 하는 시간을 빼앗은 것 같아서 항상 미안할 따름이야.
하지만 내가 기억하는 센터장님은 마음만은 항상 가족과 함께 계시는 분이었어. 그걸 잊지 말고 네가 어딜 가든 무엇을 하든, 모든 국민이 존경하는 자랑스러운 아버지가 있다는 걸 기억해 주면 좋겠다.
언제든 중앙응급의료센터에 오면 아버지 대신 술 한잔 사줄 수 있는 좀 나이 많은 형, 누나들 있다는 것도 잊지 말고……

응급의료가 나아진 것은 윤한덕의 역할이 전적으로 컸다. 초기 응급의료는 지금보다 훨씬 힘들었다. 한덕의 손길로 정부 기금을 응급의료센터에 활용할 수 있었다. 응급의료 쪽에 많은 지원이 이루어졌다. 밤낮없이 일한 노력 덕분이다. 그는 사리사욕 없이 환자만을 생각한 의사이자 의료행정가였다.

2002년부터 한덕과 함께 일했던 복지부 과장 손영래는 응급의료가 많이 좋아졌다고 평가했다.

"2002년 사무관 시절 때 윤한덕 센터장님과 함께 일하고 2009년 응급의료를 담당하는 공공의료과 과장으로 왔습니다. 그때 대한민국의 응급의료를 다시 살펴보니 7년 만에 많이 성장했다고 느꼈습니다. 응급실도 깨끗해졌고, 짧은 기간에 중진국 수준을 뛰어넘어 이제는 OECD 수준까지 온 것 같습니다."

마지막 과업

미국 의학원이 응급실 문제들의 소프트웨어적인 해결책을 제시한 백서를 2006년 의회에 제출했다.

백서에 있는 주요 내용은 세 가지다.*

첫째, 구급대와 각 병원이 따로 놀지 않도록 조정해야 한다 Coordination.

둘째, 지역 내의 크고 작은 병원들에 환자가 적절히 분산되어야 한다. 광역단위의 지역 응급의료체계를 구축해 병원의 역할 분담이 이루어져야 한다 Regionalization.

셋째, 미국에서도 부처 간의 문제가 복잡하다. 연방과 주 정부, 보건과 소방 등 여러 기관이 서로 책임을 지지 않는다. 보건 부처가 책임지고 해결하라 Accountability.

* The Institute of Medicine Committee, 『Future of Emergency Care』, 2007.

한덕은 우리나라도 현 문제점을 메우는데 급급하는 것보다 미래 사회의 여건을 전망하고 먼저 대응을 해야 한다고 했다.* 우리는 우수한 의료보장제도와 발달한 IT 기술을 가지고 있어, 노력에 따라 전 세계적으로 손꼽히는 응급의료체계를 가질 수 있다고 믿으며, 이를 위해 몇 가지를 제안했다.

> 첫째, 광역자치단체의 미흡한 행정지원기반을 강화하고, 지자체 간의 경쟁과 상호협력 방안을 마련해 현장부터 수술까지 원스톱 응급의료서비스를 지역 내에서 받을 수 있도록 하겠다.
> 둘째, 국가·지방자치단체와 민간의 책임을 명확히 하고, 응급의료정책과 재정 운용에 있어 누구든 공감할 수 있도록 그 설명력을 높일 것이다.
> 셋째, 환자의 치료 과정을 중심으로 현 응급의료를 세밀하게 분석해 '무늬만 고양이'보다는 '쥐 잘 잡는 고양이'가 쥐를 잡을 수 있도록 역할을 재설정하고, 경쟁과 연계를 통해 서비스를 개선할 수 있도록 할 것이다.
> 넷째, 체계적이고 과학적인 지표를 개발해 응급의료정책과 계획의 성과를 높이고 서비스의 현황과 개선 정도를 객관적으로 관찰할 수 있도록 하겠다.

한덕은 미국의 응급의료를 벤치마킹해 21세기 응급의료의 미래는 지역 중심성 Regionalization, 책임성 Accountability, 협력 Coordination 방향으로

* 2011년 12월 '응급의료 선진화 계획 중간평가'보고서.

나가야 한다고 생각했다.

한덕은 중앙응급의료센터 상황실장 이승준이 『알쿡북 R cook book』이라는 책을 보고 있는 것을 보고 말했다.

"너, 참 재미있는 것 본다. 내가 딱 이것 하고 싶었는데⋯⋯."

그리고 책을 구매해 혼자 공부하고 있었다. 이 책은 한덕이 숨질 당시 집무실 책상에서 펼쳐진 채 발견됐다. 이 책은 통계 프로그램을 활용한 데이터 분석을 다룬 책이다. 통계 프로그램 R을 활용해 응급 의료와 관련한 데이터 분석을 할 생각이었다. 'R'은 오픈소스 프로그램으로 통계와 데이터 마이닝 및 그래프를 위한 언어이다. 주로 연구 및 산업별 응용 프로그램으로 많이 사용하고 있다. 최근에는 기업들이 많이 쓰기 시작했다. 빅데이터 분석을 위한 것이다.*

960만 명에 이르는 환자를 엑셀로 일일이 분석하기에는 한계가 있다고 보고, 빅데이터 분석을 위해서는 R을 활용한 데이터 분석이 필요했다. 그런 프로그램을 활용하면 응급실의 상황을 더 자세히 파악할 수 있다고 판단한 것이다.

한덕은 미래 예견력이 있었고 통찰력이 뛰어났다. 미래는 환자의 응급실 도착 이전에 질병 가능성을 예측할 수 있을 것으로 봤다. 맹장염 40퍼센트, 췌장염 30퍼센트, 감기 20퍼센트 확률 등으로 예측

---

* 네이버 지식백과, R(국립중앙과학관 - 빅데이터).

하는 것이다. 현재 분석력으로는 이같이 예측할 수 있는 시스템이 되지 않는다. 그러나 인공지능 딥러닝 Deep Learning(학습을 통한 생각하는 컴퓨터)으로 하면 가능할 것으로 분석했다. 네디스NEDIS를 활용해 환자의 질병 가능성을 예측하고 싶었다.

한덕은 항상 다른 사람보다 한발 앞서나갔다. 응급의료에 대한 아무런 개념도 없었을 때 환자 동선이나 환자 데이터를 분석한 네디스NEDIS를 만들었다. 그 네디스NEDIS가 이제는 공공데이터 중 가장 뛰어나다는 평가를 받고 있다. 레지던트 때도 환자 동선을 파악하며 질병의 흐름과 적절한 치료방법을 다룬 응급의료시스템을 자체적으로 구축한 바 있다.

한덕은 고민만 한 것이 아니라 실제로 실행에 나섰다. 일에 대한 가치를 생각하며 어떻게 의료에 적용할까 고민하고 연구했다. 이 같은 고민과 연구는 빅데이터에 관한 관심으로 이어져 네디스NEDIS를 활용해 데이터를 분석하고 의료에 적용하는 데 큰 도움이 되었다.

네디스를 더 확장해 병의 치료기준, 각 질환 등을 데이터로 세밀히 들여다본 뒤 응급환자를 각 질환별로 분류하는 것도 하나의 과제로 남겨뒀다.

몇 년간 네디스NEDIS로 응급환자의 정보 데이터를 축적하니까 이제는 인공지능을 활용해 더 차원 높은 응급의료를 실현하고 싶었다. 한덕은 병원 전 단계, 병원 단계 간 신속한 응급의료데이터 연계를 위해 구급차, 응급의료기관, 응급의료통합정보망 등과 실시간 정보 전달 및 동시 응답체계를 구축 추진한 'AI 기반 응급의료시스템 개발'을 추진하려 했지만, 그 결과를 끝내 보지 못했다.

의료전달체계의
꿈

　의료전달체계는 종합병원의 환자집중 현상을 막기 위해, 환자가 중소 병·의원을 거친 다음 종합병원으로 가도록 하는 제도다. 1989년 7월 1일 실시됐다. 질병의 난이도, 중증도에 따라 가벼운 증상의 환자는 의원 수준인 1차 의료기관으로, 더 심할 경우 종합병원과 상급종합병원인 2~3차 의료기관을 이용하라는 것이다.

　영국과 미국의 공통점은 응급실이 혼잡하다는 것이다. 혼잡 원인은 사회 전체의 병실 부족 때문이었다. 하지만 우리는 환자들이 대형병원으로 몰리면서 작은 병원들은 비어 있는 것이 현실이 되었다. 오히려 혼잡한 삼성병원 응급실에서 기침 환자가 며칠간 체류해 메르스 확산의 원인이 된 것이다.

　우리나라 의료전달체계는 상당히 무너졌다. 환자들이 빅5 병원과 대형병원으로 쏠리는 현상이 계속되면서 의료전달체계가 붕괴하고 있다. 대형병원을 이용하는 환자들이 늘어나 진료가 곳곳에서 지연되는 현상이 발생하고 있고, 의원과 중소병원들의 경영난은 심각한 상황으로 치닫고 있다.

윤한덕이 응급의료에 몸을 담으면서 바꾸려 했던 응급의료시스템은 과연 발전했을까? 25년 전과 지금의 모습은 많이 달라졌는가?

이에 대해 대체로 훨씬 좋아졌다고 평가한다. 25년 전 한덕이 수련을 받았던 그 당시의 응급실과 지금은 많이 달라졌다. 응급실 인프라가 늘었고 투입인력이 많이 늘어났다. 국가지원금과 수가도 올랐다. 야간, 공휴일에 응급의료 진료진의 여건이 많이 좋아졌다. 응급실의 과밀화 현상은 예전이나 지금이나 마찬가지이지만 현재는 매트리스를 깔지 않는다. 메르스 이후에는 더 좋아졌다. 평가제도를 만들면서 병원이 응급실에 신경을 많이 쓰게 됐다.

이제는 전남대병원에도 응급중환자실이 따로 있다. 전에는 응급실과 병실, 중환자실밖에 없었다. 지금은 응급 병동이 생겼다. 응급중환자실이 있고, 응급 병동이 만들어졌다. 1층은 응급실, 2층은 응급중환자실, 11층은 응급 병동이다. 응급의료시스템이 체계적으로 갖추어져 응급환자를 빨리 수용할 수 있게 됐다.

이제는 배후 진료과와 입씨름을 많이 하지 않아도 된다. 응급 병동에서 환자를 수용할 수 있기 때문이다. 이전에는 환자의 진료과가 정해지면 빨리 일반 병실 또는 중환자실로 옮기라고 요구했다. 한계가 많았다. 병실은 가득 차 있고, 옮길 환자는 넘쳐났다. 자연스럽게 포화상태가 된 응급실에서 환자들은 무작정 기다렸다. 그러나 이제는 응급실에서 응급환자를 관리하니까 조건이 많이 좋아진 것이다.

지금은 법으로 정해 응급실에 환자가 도착하면 도착한 시간, 전공의가 처음 본 시간, 전문의가 본 시간, 전부 기록이 된다. 이러한 일련의 과정 등을 일일이 평가했다. 평가로 인해 병원들의 환자 서비스가 좋아졌다. 응급실을 방문했던 일반인들도 피부로 느끼고 있다. 중앙응급의료센터가 지표를 만들어 병원을 평가하면서 25년 전의 응급실과 지금은 많이 달라졌다. 뇌졸중 환자가 응급실에 와서 몇 시간에 혈관 뚫는 약을 주는가, 그것을 파악하고 평가를 하면 나중에 그 병원은 더 빨리 치료하려고 노력한다. CT를 찍든, 혈관을 뚫기 위해 빨리 약을 주든 노력하는 모습이 보였다.

응급의학과 의사들 상당수가 응급실의 질이 향상된 것은 평가 때문이라고 생각한다. 세세한 것까지 한다고 일부 불만도 있었지만, 윤한덕의 큰 공헌이라고 평가했다.

그러나 여전히 변하지 않는 것이 있다. 응급환자 치료를 위한 시스템은 좋아졌지만, 응급실에 중증과 경증 환자들이 뒤섞여 있는 것은 지금이나 예전이나 비슷하다.

한덕의 고교 동창이자 응급의학과 전문의인 김용권은 대한민국 응급의료시스템이 많이 좋아졌다고 생각한다. 누군가 그 일을 묵묵히 수행하고 힘을 모았기 때문에 가능한 일이었다. 그 중심에 친구인 한덕이 있었다. 김용권 자신은 혜택만 누렸을 뿐, 응급의료체계 구축에는 어떤 노력도 하지 못했다고 미안해했다. 그것 때문에 한덕에게 항상 미안한 감정이 있었다. 그의 힘듦을 자세히 알지 못하고, 그를 죽음까지 내몬 것에 대해, 자신을 비롯한 주위 사람들의 책임이 크다고 생각했다.

윤한덕은 응급의료체계가 사람이 아닌 시스템으로 돌아가도록 하고 싶었다. 자신이 없어도 응급의료체계에 공백이 생기지 않도록 하는 작업을 진행하다가 순직했다. 응급환자가 옮겨 다니지 않고, 한 번에 가장 적합한 의료기관으로 이송되는 시스템을 만드는 것을 꿈꾼 채.

부활

2019년 9월 4일 오전 11시경 경기도 평택시 건설 현장에서 일하던 남성 근로자가 콘크리트에 깔렸다. 환자는 콘크리트에 눌려 있어 숨을 제대로 쉬지 못하고 있었다. 119는 곧바로 아주대병원에 연락해 응급환자 수송을 위한 닥터헬기 출동을 요청했다. 이국종은 직접 현장으로 날아갔다. 그는 구조비행 전날 이재명 경기도지사와 함께 환자 착륙 거점을 익히기 위해 관숙비행을 하던 곳이 사고현장이라 콘크리트에 깔린 환자를 쉽게 찾았다.

환자는 의식이 떨어지고 있는 상태였다. 이국종은 기도삽관을 했고 중심 정맥을 잡았다. 현장에서 응급처치를 취하면서 환자를 무사히 구조했다. 다행히 환자는 의식을 되찾고 회복했다.

24시간 상시 운영되는 전국 최초의 아주대병원의 닥터헬기가 첫 환자이송 임무를 무사히 마쳤다.

이어 이날 밤 9시 23분경 경기도 화성시 매송면 숙곡리 511-11

안산 방향 야목육교 국도 300미터 부근에서 통근버스가 굴착기 후미를 추돌했다. 이 사고로 굴착기가 전복돼 중상자 3명을 포함해 20여 명이 다쳤다. 생명이 위급한 사람 1명이 있었다. 현장에 출동한 119 구급대는 곧바로 아주대병원에 닥터헬기 출동을 요청했다.

아주대병원 닥터헬기가 첫 번째 야간 긴급출동에 나섰다. 아주대병원은 닥터헬기를 띄워 현장에 환자를 싣고 이륙 12분 만에 외상센터에 도착해 응급수술에 들어갔다. 사고지점에서 아주대병원까지의 거리는 27킬로미터다. 자동차로 1시간 정도 걸리지만 닥터헬기로 긴급 후송해 환자의 목숨을 건졌다.

아주대병원의 닥터헬기는 2019년 9월에야 운항할 수 있었다. 인천길병원, 충남 단국대병원, 전북 원광대병원, 전남 목포한국병원, 강원 원주세브란스기독병원, 경북 안동병원 등에 이어 전국에서 7번째다. 다른 곳과 차이점은 전국 처음으로 24시간 운항할 수 있는 닥터헬기라는 것이다.

아주대병원 닥터헬기의 호출부호는 '아틀라스Atlas'다. 이국종이 윤한덕의 의미를 새기며 이름을 붙인 것이다. 이국종은 헬기 곳곳에 호출부호를 새겨넣어 윤한덕은 숨진 지 7개월 만에 '아틀라스'로 다시 살아났다. 이국종의 닥터헬기를 지키는 든든한 수호신으로 되살아난 것이다. 윤한덕은 대한민국의 창공을 떠받치는 아틀라스로 부활했다.

이국종의 닥터헬기 추진과정은 쉽지 않았다. 관련 부처와 이국종의 생각하는 방향이 달랐기 때문이다. 한치의 진척도 없어 보였고 결국 무산될 위기에 놓였다. 그 상황에서 윤한덕이 나섰다. 이국종과 관련 부처 사이를 중재했다. 관련 부처 조율과 이견을 보인 부분은 직접 관련자들을 설득했다. 복지부, 경기도, 산림청, 소방항공대 등과 협의 끝에 아주대의 닥터헬기가 마침내 운항을 시작했다. 이국종에게 윤한덕은 항상 든든한 후원자였다.

현장을 담당하는 이국종과 행정적 뒷받침을 해주는 윤한덕과의 마지막 정책적 결합이 '아틀라스' 닥터헬기였다. 이국종과 윤한덕의 마지막 작품이었다.

이국종에게 윤한덕은 잊을 수 없는 존재였고 고마운 사람이었다. 닥터헬기 사업도 표류할 우려가 있었지만, 윤한덕이 살려낸 것이다.

이국종은 아틀라스 닥터헬기의 첫 훈련 비행 목적지를 중앙응급의료센터 내 잔디밭으로 잡았다. 이곳은 윤한덕이 집무실에서 내려다볼 수 있는 약 180제곱미터 넓이의 잔디밭이다. 국립중앙의료원은 청와대와 정부서울청사로부터 약 3킬로미터 밖에 떨어지지 않아 비행 금지 구역이다. 하지만 정부로부터 비행 승인을 받아 시범 운항을 하기로 하고, 구체적으로 아주대병원과 국립중앙의료원 실무자들이 논의에 나섰다. 하지만 시범 이·착륙을 앞두고 갑자기 무기한 연기됐다.

윤한덕의 집무실 간이침대 맞은편 서랍장 위에는 닥터헬기 모형이 놓여 있다. 중형급 닥터헬기인 AW-169 모형이다. 자기 전 항상 눈이 마주치는 위치에 있다. 이국종이 운항을 시작한 '아틀라스'와 비슷한 대형기종이다.

에필로그

우리 사회는 일과 개인의 삶에 균형을 주는 '워라밸work-life balance'을 추구하고 있다.

개인은 일보다는 삶에 가치를 두며 직업이나 직장을 구할 때 워라밸을 중요한 조건으로 고려한다. 정부도 주 52시간 근무(법정근로 40시간 + 연장근로 12시간)를 법제화해 국민이 행복한 삶을 살도록 유도하고 있다.

이러한 시대적 흐름 속에서 윤한덕이 살아왔던 삶은 어떤 의미가 있을까? 무엇이 그를 일과 개인의 삶이 균형을 이루는 사회와 동떨어지게 했을까?

윤한덕을 보면서

'요즘 우리 사회에 윤한덕 같은 사람도 있을까?'

'아, 그런 사람도 있었네!'

라고 느낄 것이다.

그리고 그의 삶과 사명에 대해 다시 한번 생각할 것이다.

그의 삶은 요즘의 워라밸과는 완전히 달랐다. 그는 살인적인 수준으로 일했다. 사망하기 전 일주일 근무시간이 129시간 30분이었다. 법정근로시간보다 무려 3배 많았다.

한덕은 많은 시간을 가족과 떨어져 있었다. 오로지 응급의료 발전이라는 사명감 때문이었다. 사명감이 그를 지독한 책임의식을 느끼게 했고, 살인적인 노동으로 이끌었다.

그렇지만 한덕은 한 아내의 남편이었고, 아이들의 아버지였다. 그 또한 일보다는 몸과 마음의 휴식을 취하고 싶었다. 낚시를 원 없이 하고, 조용히 살다 갔으면 좋겠다고 1년 전부터 주위 사람들에게 자주 말하곤 했다. 바람에 일렁이는 파도를 보면서, 흐르는 물결을 따라, 그의 마음을 담아 편하게 쉬고 싶었다.

그리고 시간이 좀 더 허락된다면……, 그의 고향 해남 고천암 간척지에 비행학교와 항공학교를 만들어 모형 비행기를 날리는 것이 꿈이었다.

하지만 현실은 그렇게 할 수 없었다. 지옥 속에서 고통으로 죽어가는 응급환자를 모른 척 외면할 수 없었다. 그리고 스스로 불구덩이 속으로 뛰어들었다.

가정이 있는 삶을 뒤로 한 채…….

그렇게 열정적으로 살아왔지만, 그는 자신을 전혀 내세우지 않았다. 꾹 누르고 살았다. 뒤에서 묵묵히 자기 일만 하면 된다고 생각했다.

한번은 저녁 식사를 하면서 한덕은 국립중앙의료원 부장 김지숙에게 말했다.

"지숙! 내가 만약 없으면, 나에 대해 다른 사람들에게 이야기 할 거니?"

"아니요, 제가 왜 해요?"

김지숙은 이전에 알았던 성당 신부의 이야기를 주위 사람들에게 자주 말했다. 훌륭한 분이라고.

그래서 한덕이 김지숙에게 물어본 것이다.

한덕은 자신의 했던 일이 알려지는 것을 원하지 않았다. 외부로 노출되기를 극도로 싫어했다. 그저 일만 묵묵히 하면 될 뿐이었다. 어떤 것도 바라지 않았다. 환자가 돈이 있든 없든, 사회적 지위가 높든 낮든, 신속하게 적절한 병원으로 옮겨져 제대로 치료를 받기만을 바랐다. 환자를 위한 생각 외에는, 그 어떤 것도 머릿속에 들어오지 않았다.

원래 개인의 이야기를 잘 하지 않는 한덕이었다. 그러나 이상하게 김지숙에게는 자신의 속마음을 많이 털어놓았다. 그런 김지숙이 본인이 없을 때, 남들에게 자기 이야기를 하지 않을까 우려해서 했던 말이다.

윤한덕은 거의 알려지지 않았다. 이국종의 책 『골든아워』에서 「윤한덕」이라는 챕터를 통해 약간 알려졌을 뿐이다. 이국종은 윤한덕을 응급의료의 책임자이고, 일신의 영달을 마다한 사람으로 묘사했다.

한덕은 자신을 과대 포장한 것이라며 오히려 쑥스러워했다. 자신의 존재를 누가 알아주는 것은 중요하지 않았다. 환자를 위한 의사로서의 사명이 더 중요했다.

정작 아내와 아이들, 어머니, 형제들도 한덕이 응급의료에서 큰 역할을 한 것을 몰랐다. 한덕의 사후, 언론을 통해 그토록 많은 일을 했다는 것이 비로소 세상에 알려졌다.

보건복지부 공무원 고희은은 살아생전 그를 알아주지 못했지만, 사후에 알아주니까 아쉬웠다. 생전에 훈장도 받고 스포트라이트를 받았으면 좋았는데……, 고인이 된 뒤 그렇게 됐으니 마음이 아팠다. 몸을 돌보지 않고 밤낮 일하다 보니, 빨리 저세상이 부른 것으로 생각했다. 본인의 수명을 깎아서 응급의료를 세운 것 아닌가, 그런 생각이 들었다.

윤한덕의 가족들은 그가 사후 좋게 평가받는 것은 의미가 없었다. 살아있을 때 좀 더 행복했었더라면 좋았을 것으로 생각했다. 한덕의 큰누나 윤미향은 동생이 살아있다면, 묻고 싶은 말이 있었다.

"너 아니면, 다른 사람이 그 일을 할 수 없었니? 조금 돌아가면 될 텐데, 왜 그렇게 서둘렀어. 그렇게 못하면 병원에서 버티지 못하는 이유가 있었니? 네 몸보다 응급의료가 그렇게 더 중요했어? 그렇지 않았으면 살 수 없었니?"

죽어서 영화가 무슨 소용 있나, 왜 그랬을까? 정말로 응급의료 발전을 위해 무엇이라도 남겨야겠다고 생각했을까?

동생의 행동이 궁금했다.

윤한덕이 없었다면, 지금의 대한민국의 응급의료 현실은 어땠을까? 역사는 진보한다고 하지 않았나. 물론 바뀌었을 것이다. 중요한 것은 환자들이 느끼는 체감도다. 환자들이 좋아졌다고 느끼면 바뀐 것이고, 아직도 여전히 불편해하면 그렇지 않은 것이다.

그러나 국민은 대부분 모를 수 있다. 응급실은 평생 한 번, 아니면 아예 가지 않을 수도 있으니까. 자주 가본 사람만이 변화된 응급실을 잘 알고 있을 뿐이다. 응급실이 예전보다 과연 더 좋아졌는지 국민은 생각할 것이다. 아직도 사람들은 응급실을 이용하면서 불만과 불편한 경험을 이야기할 수 있다. 아무리 응급의료체계가 잘 돌아가더라도, 응급실에 온 이상 불편을 느낄 것이기 때문이다.

한덕이 임상 의사로서 겪었던 응급의료의 현실은 말 그대로 지옥이었다. 그가 중앙응급의료센터에 근무했을 당시에는 응급의료체계 자체가 없었다. 한덕은 응급의료체계를 온몸으로 떠받쳤다. 그것이 그에게 그리 큰 만족을 주지는 못했을지언정…….

그러나 10년이 지나고, 100년이 지나고, 1,000년이 지나도 윤한덕은 길이 기억될 것이다.

환자밖에 모르는 훌륭한 의사였다고,
사심 없는 의사이자 의료행정가였다고,
그 덕분에 대한민국 의료는 많이 좋아졌다고.

일부는 개인이 한꺼번에 많은 걸 짊어지고 가는 것보다 많은 사람이 고통을 함께 나누어갔으면 좋았겠다는 아쉬운 마음을 보였다. 윤한덕이 업무적으로는 열정적이었고 색깔 있는 직업인으로서 삶을 살았지만, 지속가능하지 않다는 것이다.

"계속 일만 하다 돌아가셔서 더 안타깝습니다. 그러나 급성심정지로 돌아가시고 한참 지나 발견된 것은 보호받지 못한 고립입니다. 고립된 상황에서 하는 업무는 본인도 힘듭니다. 계속 일만 하는 것이 나의 미래 모습이라고 생각한다면, 지속가능하지 않죠. 자기관리나 지속 가능한 인재관리 체계가 중요합니다. 센터장님 본인도 천국에서, 열정적으로 살아오면서 헌신이나 희생을 했던 것을 어떻게 생각할까요? 선·후배들이 나 같은 모습으로 살아야 해? 그렇게 되는 걸 바라지는 않을 겁니다."

삶이란 가족과 소중한 시간을 함께 보내지 않으면 영원히 오지 않는다. 아이들에게는 어렸을 때 추억이 소중하다. 공적인 일도 열심히 하고, 가족도 잘 챙겼어야 했는데 현실은 두 가지를 모두 잘하기가 쉽지 않다.

그런데, 윤한덕은 가정보다 왜 응급의료를 택했을까?
두 가지 중 하나를 선택해야 한다면, 어떤 선택이 나을까?
만약 내가 의사였다면, 과연 나의 선택은?

• • •

윤한덕은 좀 더 나이가 들면 시골 무의촌에서 일하고 싶었다. 그것이 의사로서 마지막으로 사회에 봉사하는 길이라고 믿었다.

간호사 경력이 있는 김지숙에게 말했다.

"내가 시골 가서 의사를 하면, 너 따라갈래?"

"미쳤어요, 내가 따라가게!"

윤한덕이 집무실 의자를 단단히 부여잡고 몸이 떠난 지 1년이 지났다.

한덕이 사용했던 집무실은 이제 '복덕방'이란 이름으로 바뀌어 그의 추모공간 및 직원 휴게공간으로 사용하고 있다.

'복덕방'은 윤한덕의 '덕德'자를 따와 그를 기리는 동시에, 복福과 덕이 있는 방이라는 따뜻한 뜻을 담았다.

〈끝〉

참고문헌

공개자료

김상희, 「응급의료체계 리폼 입법공청회」, 국회의원 김상희·인구정책과 생활정치를 위한 의원모임, 2019.

보건복지부·가천대학교, 「응급환자 헬기이송 현황분석 및 기관간 협력방안」, 2012.

서원석 외, 『2013 경제발전경험모듈화사업:응급의료체계구축 프로그램』, 기획재정부, 2014.

윤한덕, 「응급의료기관 간 단계별 역할 및 기능 정립」, 정책동향 9권 4호, 2015.

이국종, 『골든아워 1』, 흐름출판, 2018.

이종훈·김희남, 『세계를 바꾼 연설과 선언』, 서해문집, 2006.

이창열·조진성·양혁준·김진주·박원빈·이근·윤한덕·오상우, 「한국 응급의료 전용헬기 초기 1년간 운영 결과 분석」, 대한응급의학회지 제25권 제1호, 2014.

전남대학교병원, 『전남대학교병원 100년사』, 2011.

전남대학교 의과대학 응급의학교실, 『전남대학교병원 응급의학과 10년사』, 2003.

전남대학교 의과대학 응급의학교실, 『전남대학교병원 응급의학과 20년사』, 2013.

중앙응급의료센터, 「2011년도 응급의료 전용헬기 도입·운용 사업」, 2012.

한국보건산업진흥원, 「응급의료기관 구조평가 및 질 평가체계 개발」, 2002.

한국보건산업진흥원, 「응급진료권 분석 및 응급의료기관 평가」, 2004.

한국보건의료관리연구원, 「응급의료체계 운영 평가 연구」, 1997.

2004년도 국감자료-보건복지

2017년도 국감자료-보건복지(2017년 10월 23일)

2018년도 국감자료-보건복지(2018년 10월 24일)

국립중앙의료원 중앙응급의료센터 홈페이지(https://www.e-gen.or.kr)

보건복지부 보도자료

The Institute of Medicine Committee, 「Future of Emergency Care」, 2007.

미공개 자료

국립과학수사연구원 부검감정서

근로복지공단 제출 사업장 사실조회서

윤한덕 업무수첩(2002 ~ 2019년)

윤한덕 육필 편지(1988 ~ 1998년)

윤한덕 육필 메모

윤한덕 작성 각종 보고서

윤한덕 초·중·고교 학생생활기록부

조석주, '응급의료체계 발표자료', 2018.